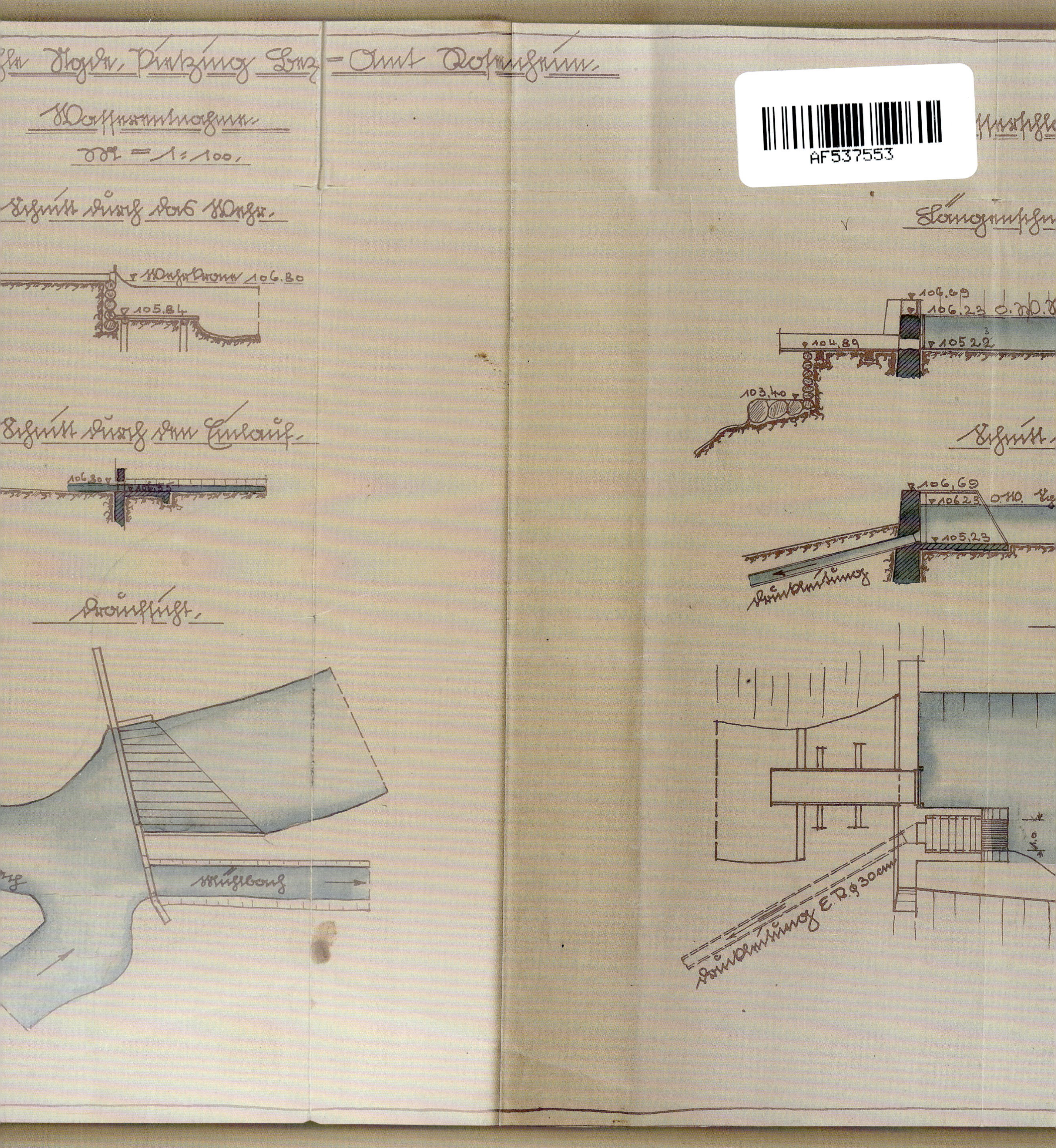

AF537553
106.80
105.84
106.80
104.69
106.23
105.22
104.89
103.40
106,69
106.23
105,23
E.R. φ 30 cm

LAIB und SEELE

von Müllermeisterin Annelie Wagenstaller

und Elmar Kinninger als Layouter, Produktioner und Photographen

Impressum

Alle deutschsprachigen Rechte vorbehalten. © 2013 neue überarbeitete Auflage

Autorin: Müllermeisterin Annelie Wagenstaller,

zuständig für Idee, Konzeption, Gestaltung, Sammlung von Rezepten und Bildern, einfach für alles.

Umsetzung und Produktion der Seiten: Elmar Kinninger · www.elmarkinninger.com

Herausgeber: Eigenverlag Wagenstaller

Gedruckt in Innsbruck bei: Alpinadruck · www.alpinadruck.com

ISBN 978-3-9815819-0-4

In diesem Buch werden Hinweise zur Naturheilkunde gegeben. Nur auf die beschriebenen Arten trifft die angegebene Verwendung zu, ihr Gebrauch setzt daher ihre sichere Kenntnis voraus. Heilpflanzentees sollten immer nur beschränkte Zeit und nicht länger als nötig eingenommen werden. Behandelt werden dürfen nur leichtere Gesundheitsstörungen, die keiner ärztlichen Behandlung bedürfen. Den Arztbesuch kann dieses Buch auf keinen Fall ersetzen.
Auch dürfen verschiedene Kräuter, wie z.B. Rosmarin oder Salbei, nicht während der Schwangerschaft eingenommen werden.
Bei der Verwendung von Kräutern oder Heilmitteln sind die Beipackzettel der jeweiligen Anwender zu beachten.

Die Ratschläge sind von der Autorin sorgfältig erwogen, gebacken, verkostet und geprüft, dennoch kann keine Garantie übernommen werden. Eine Haftung der Autorin bzw. des Verlags und seiner Beauftragten für Personen-, Sach- und Vermögensschäden ist ausgeschlossen.

Die Angaben in diesem Buch basieren auf den Originalschriften der Hl. Hildegard von Bingen und über Jahrzehnte gesammelten Erfahrungen mit Hildegard-Anwendungen. Sie stellen eine bewährte Hilfe zur Selbsthilfe dar. Dennoch sollte auf den Arztbesuch nicht verzichtet werden. Sprechen Sie mit einem Arzt oder Therapeuten Ihres Vertrauens über die Möglichkeit einer unterstützenden Therapie mit Hildegard-Mitteln.

Bildquellennachweis:
Historische Bilder von Martin Wagenstaller
und Familie Wagenstaller
Aktuelles Material von Annelie Wagenstaller,
Elmar Kinninger und Cornelia Rogner

Dieses Buch widme ich meiner Mami

und den kommenden Müller-Generationen

nach dem Motto

„Freut Euch des Lebens!“

Foto: Christian Hacker

Der Lieblingssatz meiner Mami lautet: Wer schreibt, der bleibt.

Ich möchte mit diesem Buch Bräuche, Traditionsgerichte und viele über Jahrzehnte gesammelte Hausrezepte festhalten, um sie weiterzugeben. So bietet das Buch auch Anregungen, den Zugang zu Getreide und Mehl zu erneuern oder zu vertiefen. Vielleicht gibt es ja einiges neu zu entdecken, wie zum Beispiel die schönen alten Schmalznudelrezepte, aber wie komme ich an die Rezepte?!

Vielleicht hat der eine oder andere auch schon einmal seine Oma um ihr Geheimrezept gebeten und kann sich in meine Lage versetzen.
„Na, Dirndl, da nimmst die große Schüssel und gibst a Mehl nei."
„Ja, wie viel Gramm denn?"
„Ja, so viel, wie du Nudeln brauchst. Ja, und dann die Hefe, das Salz, den Zucker und die Milch dazu, bis es halt stimmt."
„Ja, aber wie viel Milch denn?"
„Ja, soviel, wie du halt brauchst. Den Teig schlagst dann, bis er gut ist, kannst ja noch Weinbeeren mit hineingeben, aber die musst vorher in Rum einweichen. Dann lässt du den Teig gehen."
„Und wie lange denn?"
„Ja, des siehst dann, weißt schon! Und wenn er gegangen ist, dann stichst mit dem Löffel was ab und drehst runde Kugeln draus. Die lässt dann noch einmal gehen, dann ziagst die Nudeln aus und legst sie ins Fett, bis sie schön braun sind, aber einen weißen Ring solltens schon haben."
Die Mengenangaben sind also von dem Besitz einer großen Schüssel und viel Gefühl abhängig. In diesem Buch versuche ich natürlich, dies alles ein wenig deutlicher darzustellen.

Es ist für mich wichtig, nicht nur mit der Natur zu leben, sondern auch von ihr. Was gibt es denn Schöneres, als im Frühjahr über die Felder zu spazieren und sich die Zutaten für eine Kräutlsuppe zu suchen und, nebenbei gesagt, vielleicht noch mit dem Rest der Kräuter die Ostereier zu batiken. Oder im Sommer, wenn der Duft von frischem Heu unsere Nase kitzelt. Das ist auch die Zeit für einen Apfelstrudel aus Jackerl- oder Klara-Äpfeln, denn die sind dafür die besten!

Wir begreifen mit den Händen und berühren damit unsere Seele. Ich finde mich immer wieder beim Arbeiten mit den Händen, sei es in der Mühle, beim Brotbacken oder im Garten bei den Blumen, und es wird mir bewusst, dass das, was meine Hände tun, mich selbst berührt.

Aber auch über das Sehen erleben wir unsere Sinne: ein Sonnenuntergang mit einem Abendrot, das übrigens auch „Muttergottes beim Kiachlbacha" genannt wird, oder die Sternschnuppen im August, die als Laurentiustränen bekannt sind, ein Erlebnis, welches wir an Regentagen wieder hervorzaubern sollten.

Es gäbe noch so vieles zu berichten. Vielleicht im nächsten Buch, so Gott will.

Annelie

Unsere neue Attraktion: die historische Wassermühle

Grüne Woche Berlin 2008 mit dem heutigen Bayerischen Ministerpräsidenten Horst Seehofer

Ilse Aigner MdL zu Besuch auf der Grünen Woche Berlin 2009

Annelie Wagenstaller moderiert den „Abend für die Sinne".

Besuch vom Landrat Josef Neiderhell: Bauernherbst-Eröffnung in der Mühle

Ein beliebter Brotbackkurs bei der Müllerin

Neben Bernd Trum auf der BIO-Bühne in Berlin

Foto: Carsten Schick

Auftritt auf einem meiner Lesereise-Termine

Meine Schwiegermutter, unsere Bergoma

Eine illustere Gesellschaft: Milchbäuerinnen und die dazugehörigen Millifahrer

Foto: Christian Hacker

Mein Sauerteigbrot

500 Gramm Roggenmehl 1150
500 Gramm Dinkelmehl 1050
1 Päckchen Trockenhefe oder 1 Würfel Frischhefe
½ Teelöffel Zucker und 100 Milliliter Wasser (Hefe)
500 Milliliter Wasser
3 Teelöffel Salz
3-4 Teelöffel Brotgewürz
1 Tasse Sauerteig backfertig

⅔ der Mehlmenge in eine Schüssel geben, in die Mitte eine Mulde drücken und Hefe, Zucker und etwas Wasser miteinander vermengen. Es soll ein weicher Brei entstehen. Diesen mit etwas Mehl zudecken. Nun an den Rand der Schüssel das Salz und die Gewürze legen. Wenn sich das Dampferl schön entwickelt hat, das restliche Wasser und den Sauerteig zugeben.
Dann das Ganze mit der Teigkarte oder mit der Rührmaschine zu einem Teig, der eher noch weich ist, zusammenfügen. Restliches Mehl zugeben und kneten.
Wenn der Teig noch zu weich ist, etwas Mehl hinzugeben.
Aber Achtung: Wir können kein Wasser mehr zugeben!

Ziel ist ein nicht zu harter Teig (Konsistenz wie Strudel).
Diesen kneten wir so lange, bis er schwitzt. Am besten schwitzen wir dann auch. So ca. 8-10 Minuten.
Der Teig sollte schön geschmeidig sein.
Nun den fertigen Teig in eine bemehlte Schüssel geben oder auf der Arbeitsfläche mit einer Schüssel zudecken.
Ca. 1 Stunde gehen lassen. Den Teig von außen nach innen falten. Nun die Luft herausdrücken, nicht kneten.

Jetzt wird das Brot in ein bemehltes Gärkörbchen gesetzt. Je nach Raumtemperatur gehen lassen, bis es sich fast verdoppelt hat.
Bei Dinkelmehl nicht übergehen lassen, sonst wird das Brot recht flach.
Den Backofen auf 250 Grad vorheizen.

Unser Brot nun auf das Blech stürzen (vorsichtig) und auf der mittleren Schiene in den Ofen geben. Mit einem Wassersprüher ca. 10-mal an die Innenwand des Ofens sprühen und diesen schnell schließen (wichtig für die Bräunung und das Aufgehen des Brotes). Nach ca. 10 Minuten zurückschalten auf normale Kuchentemperatur. 50 Minuten ausbacken. Das Brot ist fertig, wenn es beim Klopfen hohl klingt.

Müllerspruch:

Der Arme,
der Reiche,
ein jeder
braucht Brot.
Es wird Euch
beglücken in
Wohlstand
und Not.

Mit Butter oder Schmalz der pure Genuss

Brot ist eine kulinarische Köstlichkeit.

Meine Art, Sauerteig selbst herzustellen

Sauerteig ist ein Vorteig, der unter Einhaltung bestimmter Temperaturen und Gärzeiten aus Wasser und Mehl zubereitet wird. Dabei kommt es darauf an, die natürlichen Hefen sowie Essig- und Milchsäurebakterien zum Wachstum zu bringen.
Benötigte Zutaten für meinen Sauerteig:
Roggenmehl 1370 und Wasser.

Dieser Teil der Vorbereitung ist nur einmal notwendig, weil danach immer wieder ein Stück vom Vorteig weggenommen und neu angesetzt wird.

Der erste Schritt (siehe Bild 1, 2)
Ich vermenge Roggenmehl und Wasser zu einer Konsistenz wie bei einem **Pfannkuchenteig** in einer ausreichend großen Schüssel, da er sich noch vergrößert. Ca. 24 Stunden zugedeckt an einen warmen Ort stellen, z.B. eine Kühltasche, in welche wir eine heiße Wärmflasche legen. Ideal wären 28 Grad.

Der zweite Schritt (siehe Bild 3, 4, 5)
Unser Sauerteig wirft nun schon leichte Bläschen und

hat sich etwas verflüssigt. Wir geben Mehl dazu, bis er die Konsistenz eines warmen **Grießbreis** hat. Jetzt darf er wieder 24 Stunden im Warmen rasten.

Der dritte Schritt (siehe Bild 6, 7)
Nun geben wir wieder Mehl dazu, bis er die Konsistenz eines **Rührkuchenteiges** hat. Nach weiteren 24 Stunden in der Wärme ist unser Sauerteig fertig.

Der vierte Schritt (siehe Bild 8)
Unser fertiger Sauerteig sollte so ausschauen wie auf der Abbildung. Er hat eine braun-gräuliche Farbe und einen strengen Geruch.

Es kann passieren, dass der Teig an einem der letzten Tage, z.B. durch zuviel Zugabe von Mehl, zu fest wird. Kein Problem – einfach Wasser hinzufügen, bis die gewünschte Konsistenz erreicht ist. Auch ist es möglich, den Sauerteig zu verlängern, indem wir entsprechend Mehl und Wasser dazugeben.
Dieser milde Sauerteig kann nun wieder verdünnt und noch ein paar mal über mehrere Tage in der Wärme geführt werden. Er wird von Tag zu Tag kräftiger im Geschmack und in seiner Triebkraft. Dies machen wir so lange, bis unser Brot perfekt schmeckt. Wenn unser Sauerteig soweit ist, können wir ihn nach Belieben, wie auf Seite 14 beschrieben, haltbar machen.

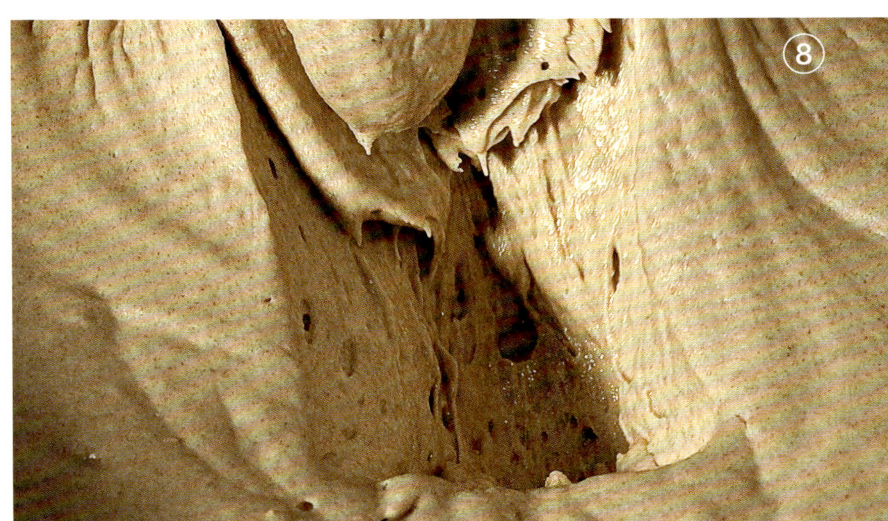

Noch Wissenswertes zum Sauerteig:

Wollen wir ein mildes Brot, sollte unser Sauerteig nicht mehr Säure als 11% aufweisen. Wir verwenden dann nur 150 Gramm Sauerteig auf ein Kilogramm Brotmehl (50% Roggenmehl 1150 /50% Weizenmehl 1050). Wer aber Kräftiges liebt, kann bis zu 400 Gramm auf ein Kilogramm nehmen.

Noch ein Tipp:
Wenn wir gerne Sonnenblumenkerne, Schrot oder Gewürze in unserem Brot haben möchten, empfiehlt es sich, von Schritt 3 ein paar Löffel abzuzweigen, den Teig mit Wasser zu verflüssigen und die gewünschten Zugaben darin 24 Stunden ziehen zu lassen. Das Ganze hat den Vorteil, dass das Brot nicht bröselig wird (siehe Bild 1 bis 4).

Mein Mann Franz beim Auskehren des von ihm geplanten und gebauten Backofens (oben).

Mein Sohn Markus, Müllergeselle, hilft mir beim Einschieben vom Brot (unten).

Müllerspruch:

Die Gärung,
dieser Satz
ist wichtig, macht
das Gebäck
erst groß und richtig.

Zimmererspruch:

Die Gehrung,
dieser Satz
ist wichtig, macht
das Gebälk
erst groß und richtig.
Gruß an Franz, Peter

Unseren Sauerteig können wir auf mehrere Arten haltbar machen:

1. Man kann ihn einfrieren. Zum Auftauen nehmen wir ihn am Abend vor dem Backen heraus und legen ihn in die Mitte unserer Mehlmenge und übergießen ihn mit etwas Wasser.

2. Man nimmt vom Sauerteig ein kleine Menge und – wie auf Bild 1, 2, 3 und 4 gezeigt – krümelt ihn wie Kuchenstreusel. Er hält sich im Kühlschrank ca. ein halbes Jahr. Um ihn wieder zu aktivieren, in einen Brei mit Wasser und Roggenmehl rühren und diesen 24 Stunden an einem warmen Ort gehen lassen.

3. Man füllt den Sauerteig in ein Schraubglas, wie auf Bild 5 gezeigt. Er hält im Kühlschrank bis zu 3 Wochen. Wie auf Bild 6 zu sehen ist, gärt er auch im Kühlschrank weiter. Daher ein ausreichend großes Gefäß verwenden.

4. Wenn man vorhat, länger zu verreisen, oder den Sauerteig auf die Reise mitnehmen will, streicht man den Sauerteig auf Backpapier und lässt ihn trocknen (siehe Bild 7 und 8). Dieser Sauerteig hält Jahre! Zum Aktivieren benötigt er wiederum Wasser, etwas Roggenmehl und Zeit.

Die Herstellung von Sauerteig ist mit Roggenmehl wegen der Säure extrem stabil und resistent gegen Fremdverkeimung.

Falls Sie kein Roggenmehl vertragen, können Sie den Sauerteig auch mit Dinkel, Weizen oder anderen Getreidesorten herstellen, wobei bei allen gilt: Nur eine Getreidesorte verwenden.

Riecht der Sauerteig nach längerer Zeit zu scharf, so haben die Essigsäurebakterien gesiegt. In diesem Falle sollten wir einen neuen Sauerteig zubereiten.

Müllerspruch:

O, zürne nicht
dem Morgen,
der Müh und
Arbeit gibt;
es ist so schön
zu sorgen,
für Menschen,
die man liebt.

An keinen Feststagen war das Essen wohl so wichtig wie an den Tagen vor der strengen, 40-tägigen Fastenzeit. In Bayern fing man mit dem „Nudlbacha" schon am Unsinnigen Donnerstag an, der deshalb auch Schmalzpfinsta heißt.

Mit den Schmalznudeln (Schuxn) wird eine weitere Variante zur Verwendung von Mehl eingeleitet.

Die Schuxe ist ein Schmalzgebäck, das auf der Basis eines leichten Brotteiges mit hellstem Roggen- und Dinkelmehl unter Zugabe von Sauerteig hervorragend gelingt.

Zum Schmunzeln: Mein Mann Franz wurde in der Einöde mit dem gspaßigen Namen Nudlbichl auf dem Samerberg geboren!

500 Gramm Roggenmehl 610
500 Gramm Dinkelmehl 630
2 Esslöffel Zucker
1 Würfel frische Hefe
max. 300 Milliliter Milch
20 Gramm Fertigsauerteig
2 Esslöffel Salz
500 Gramm Magerquark
300 Gramm Sauerrahm

Fett zum Ausbacken – sie sollten in Fett schwimmen:
1 Teil Bratöl
1 Teil Butterschmalz
1 Teil Biskin

Roggen- und Dinkelmehl sieben und in die Mitte der Schüssel eine Mulde drücken. Dort 2 Esslöffel Zucker und 1 Würfel frische Hefe mit etwas Milch zu einem Dampferl anrühren. Wenn das Dampferl schön gegangen ist, die restlichen Zutaten dazugeben und zu einem nicht zu weichen Teig kneten.
Diesen an einem warmen Ort gehen lassen, bis er sich verdoppelt hat. Nun den Teig auf eine bemehlte Arbeitsplatte stürzen und ihn in gleich große Stränge teilen, dann wiederum teilen in ca. 60 Schuxn, also 60 Teilchen abstechen.
Diese rund formen und nochmals zugedeckt gehen lassen. Wenn wir mit dem Formen der letzten Teiglinge fertig sind, können wir bereits die ersten mit dem Nudelholz länglich rollen. Sie sollten innen und außen gleich stark sein (gleichmäßig dick). Dies erfordert etwas Geschick.
Nach dem Ausrollen der letzten Teiglinge können wir die ersten schon ausbacken.

Wichtig: Die Schuxe sollte nach dem Backen hohl sein. Bei uns gibts dazu Kartoffel- oder Bohnensuppe, eventuell auch Sauerkraut.

Müllerspruch:

Die edle Frucht
der Erden bringt man
zu uns ins Haus,
da muss gemahlen
werden ein schönes
Mehl daraus.

Bettlhochzeit

Bayerische „Bettlhouhzat“

Ein altbairischer Faschingsbrauch, bei dem die Braut ein möglichst großer Mann und der Bräutigam eine kleine zierliche Frau ist. Geheiratet wird grundsätzlich auf einem Misthaufen. Die Brautleute laden über einen Hochzeitslader (Progader) die Hochzeitsgesellschaft ein.

Es geben sich die Ehre:

Der Standesbeamte: Ägidius da Kerndlgfuadate **D'Houzeidarin:** De schene, groušße und rund gwaxne, belcherte und graziöse, Alkohol liebende, im liaddalichn Lebm hausende, tugendsame Jungfrau und Muatta vo sechs Schrazn, Zilli Bachstejtz, d'Rundhoizkuglarin vo da Seeseitn, Hausnummara 23 und a paar dadruckte, Gemarkung Simssee-Scheierl-Revier, Piatzinga Gmoa. **Da Houzeida:** Der hochwohlgeborne, tugendsame, brave, skandallose, nix zu Ohren kommen lassende Junggsell und Voda von drei ledige, schneidi Buam und drei saubane Dirndln, Andal da Maschinagringlte von Schuastalougram, neban Gantrabuckl, Hausnummara 17.527,64 a da Grenzgemarkung von de Schwanenseetänza, Hirnsberga Gmoa. **D'Ehrmuada** is de Kreszentia Apollonia Hüatarin der goidna Hähne vo da Batzbicheschenk. Ois **Ehrvoda** hams an Bonifaz i-bi-da-Schneider-Schorsch, nasengschtopfada Hirschreida vo da Schlaglochstraß.

Faschingskrapfen

1 Kilogramm Dinkelmehl 630
1 Päckchen Hefe
1 Esslöffel Zucker
ca. ½ Liter Milch
eine Prise Salz
5 Eier
100 Gramm Fett (halb Butterschmalz, halb zerlassenes Palmin)

Mehl in eine Schüssel sieben. In die Mitte eine Mulde drücken. In der Mehlmulde aus Hefe, einem Esslöffel Zucker, etwas lauwarmer Milch und etwas Mehl vom Rand den Vorteig anrühren. Warm stellen, 10 Minuten gehen lassen.

Vorteig mit den restlichen Zutaten vermengen. Die Milch nicht auf einmal zugeben, denn je nach Größe der Eier wird der Teig fester oder weicher. Nun schlagen, bis er sich gut von der Schüssel löst. Der Teig sollte halbfest sein (in der Maschine ca. 8 Minuten). Zugedeckt nochmals 20 Minuten gehen lassen.

Mit dem Esslöffel kleine Nudeln abstechen, formen, flach abdrücken. In die Mitte der Nudeln Marmelade geben und von allen vier Seiten Teig hochziehen und zusammendrücken. Gedrückte Seite nach unten geben und gehen lassen – nicht zu lange, maximal 30 Minuten.

Sollen die Nudeln nicht gefüllt werden, dann mit dem Messer zweimal längs einschneiden.

Beim Einlegen in das auf ca. 200 Grad erhitzte Fett (Palmin, Biskin, Butterschmalz) müssen die Schnitte nach oben zeigen.

Ausgezogene Nudeln

1 Kilogramm Weizenmehl 550
2 Päckchen Trockenhefe (kein Dampferl)
½ Teelöffel Salz
1 Teelöffel Zucker
4 Eier
Handvoll Rosinen in Rum tränken
3 Teelöffel Vanillezucker
Zitronensaft/abgeriebene Zitrone
2 Becher Sauerrahm

Fest anmachen, aber nicht streng. Gut gehen lassen, bis Teig noch einmal so groß ist.

Ca. 25 Stück abstechen und zu Kugeln formen, auf ein Tuch legen und gehen lassen.

Die Teiglinge von der Mitte aus auseinanderziehen (sie dürfen nicht reißen).

In der Schmalzpfanne 1½ Kilogramm Biskin auflösen; sie sollte zu dreiviertel gefüllt sein. Wenn die Hitze erreicht ist (Fett muss am Holzlöffel schäumen), werden die ersten Nudeln vorsichtig in das heiße Fett eingelegt. Von außen etwas heißes Fett daraufgießen, damit sich die Mitte der Nudel wölbt.
Nun warten, bis sich eine Seite leicht bräunt, um anschließend die Nudel zu wenden. Perfekt sind sie, wenn ein weißer Rand die Ober- und Unterseite trennt.

Daumenprobe

Wenn man unsicher ist, ob sich das Volumen des Teiges verdoppelt hat, drückt man leicht mit dem Daumen in den Teig. Bleibt die Delle, ist der Teig fertig. Schnellt sie zurück, muss er noch eine Weile aufgehen.

Müllerspruch:

Frau Müllerin ade. Der Kohl und auch die Rüben haben mich vertrieben!

Walzsprüchlein

Gründonnerstag

Bärlauch macht 100 Jahre alt – aber auch einsam! Vorsicht bei der Ernte von Bärlauch wegen Verwechslungsgefahr mit Herbstzeitlosen oder Maiglöckchen.

Am Gründonnerstag, mancherorts auch Speispfinsta genannt, haben sicherlich schon viele Menschen gegrübelt, wie die grüne Farbe zu diesem Tag kam. Eine Deutung geht dahin, dass am Tag vor dem Karfreitag früher die Büßer wieder in die Katholische Kirche aufgenommen wurden und die Sünder lateinisch „virides" (die Grünen) hießen. Der Name wird aber auch von greinen (weinen) abgeleitet. Seit langem ist man jedenfalls zu der Erkenntnis gelangt, dass es gesund ist, an diesem Tag das erste frische Grünzeug aus dem Garten zu essen. Und seit geraumer Zeit besinnt man sich am Gründonnerstag wieder der schmackhaften Kräutlsuppe als Fastenspeise, in der mindestens sieben Kräuter sein sollen, nämlich Sauerampfer, Löwenzahn, Wegwarte, Brunnenkresse, Brennnessel, Bibernelle, Kerbel.

Eier vom Gründonnerstag,
so sagt man, halten bis zum nächsten Kletzenbrot (Adventszeit). Ein Ei davon wird unter den Firstbalken gelegt, damit der Blitz das Haus verschone.

Kräutlsuppe

500 Gramm gemischte junge Wildkräuter (Brennnessel, Pimpinelle, Löwenzahn, Kerbel, Giersch, Brunnenkresse, Bärlauch, Schnittlauch)
1 Bund Petersilie
1 mittelgroße Zwiebel
1 Knoblauchzehe
1 Esslöffel Butter
¾ Liter Gemüsebrühe
¼ Liter Sahne oder 1 Becher Crème fraîche
Salz, Pfeffer, Muskat

Kräuter ganz fein hacken (nie im Mixer!). Zwiebel und Knoblauch schälen, fein hacken.
Butter zerlassen, Zwiebel und Knoblauch glasig dünsten. Gemüsebrühe und Sahne dazugießen, aufkochen und 3 Minuten bei schwacher Hitze köcheln lassen.
Kräuter und geschlagene Sahne zugeben, 2 Esslöffel zum Verzieren zurückbehalten.
Mit Salz, Pfeffer und Muskatnuss abschmecken und mit Kräutern bestreuen.

Brennnesselsuppe

1 kleine Zwiebel
100 Gramm Suppengrün
50 Gramm Butter
250 Gramm Brennnesseln
1 Handvoll Brennnesselspitzen, Petersilie, Kerbel, Borretschblätter
evtl. 75 Gramm Beinwellblätter
1 Liter Gemüsebrühe
⅛ Liter saure Sahne
4 Borretschblüten

Zwiebel und Suppengrün kleingeschnitten mit 1 Esslöffel Wasser in der Butter 5 Minuten dünsten.
Blätter von den Brennnesseln abstreifen (Strunken in der Brühe auskochen) und mit den Borretsch- und Beinwellblättern zu dem Suppengemüse geben. Mit der Brühe auffüllen, kochen lassen, bis die Blätter zusammenfallen, und den Topf vom Feuer nehmen.
Kräuter und Brennnessel-Spitzen roh und kleingehackt zugeben und alles im Mixer pürieren.
Vor dem Anrichten mit der sauren Sahne verrühren.
Mit einer schwimmenden Borretschblüte verzieren.

Spinatknödel

300 Gramm altbackenes Weißbrot
¼ Liter warme Milch
750 Gramm vorgekochter, passierter Spinat
1 gepresste Knoblauchzehe
1 kleine Zwiebel
60 Gramm Butter
je 2 Esslöffel Mehl und Semmelbrösel
2 ganze Eier
Salz, Pfeffer, Muskat
3 Esslöffel geriebener Parmesan
zerlassene Butter zum Servieren

Das Brot in feine Scheiben schneiden und mit der Milch übergießen. Vorgekochten, passierten Spinat mit Knoblauch würzen. Kleingeschnittene Zwiebel in zerlassener Butter anschwitzen, Spinat dazugeben und ca. 5 Minuten schmoren lassen. Mehl und Semmelbrösel zur Brotmasse geben, die verquirlten Eier und den Spinat dazugeben, würzen und gut vermischen.
Aus der Masse 10 kleine Knödel formen, in aufgekochtes Salzwasser legen, darin ziehend langsam in ca. 15 Minuten garen lassen. Abgetropft und mit Parmesan und Butter überzogen sofort servieren.

Müllerspruch

Ist der Gründonnerstag weiß,
wird der Sommer heiß.

Frankfurter Grüne Soße

(Goethes Leibgericht)

Zu gleichen Teilen:
Kerbel - Petersilie - Schnittlauch - Kresse - Pimpinelle - Sauerampfer - Borretsch
Je nach Jahreszeit können einzelne Kräuter auch ausgetauscht werden mit Dill, Estragon, Zitronenmelisse oder auch Bärlauch (aber Vorsicht, dieser dominiert sehr stark).
2 hartgekochte Eier durch ein feines Sieb drücken und mit 2 Esslöffel Öl, 1 - 2 Esslöffel Weißweinessig, 125 Gramm saurer Sahne gut verrühren.
Die Kräuter waschen, fein hacken und in die Soße rühren. Mit Salz, Zucker und gemahlenem Pfeffer abschmecken.
Wer die Soße nicht so üppig will, rührt die Kräuter nur in 500 Gramm fettarmen Joghurt.

Diese Kräuter ergeben auch eine köstliche Suppe: Dazu 2 kleine Zwiebeln andünsten, mit 2 Tassen Gemüse- oder Rinderfond aufgießen und mit Sherry aufkochen, 100 Milliliter süße Sahne hinzufügen und mit Salz, Pfeffer und Zucker abschmecken. Die Kräuter hacken und in weiteren 100 Milliliter süßer Sahne pürieren. Ganz zum Schluss in die Suppe rühren, nicht mehr aufkochen!

Hier noch eine andere Variation:
Kleingehackte Kräuter
2 gekochte Eier
1 Gewürzgurke
1 Zwiebel
1 geriebene Zehe Knoblauch
3 Esslöffel Senf
geriebene Schale einer halben Zitrone
Mayonnaise (aus Eigelb und Öl selbst hergestellt schmeckt sie am besten)
Pfeffer und Salz
Alle Zutaten vermischen. Am besten schmeckt diese Soße zu Pellkartoffeln und Bratwurst.

Familienbrot

4 Esslöffel Sauerteig aus der Reserve
770 Gramm warmes Wasser
770 Gramm Roggenvollkornmehl
Alles gut verrühren, daraus den Vorteig ansetzen,
4 Esslöffel abnehmen für das nächste Brot und den Rest eine Nacht an einem warmen Ort gehen lassen.
280 Gramm Weizenmehl 1050
360 Gramm Dinkelvollkornmehl
280 Gramm warmes Wasser
2 Tassen Leinsamen
2 Teelöffel Brotgewürz
3 Teelöffel Salz

Alles mit dem Vorteig verrühren und in eine gefettete Kastenform (1,5 kg) füllen, jedoch vom oberen Rand der Form 1 cm nicht einfetten!
Abgedeckt mit Frischhaltefolie an einem warmen Ort gehen lassen, bis die Form gefüllt ist.
In den kalten Backofen stellen, dann bei 180 Grad 90 Minuten backen. Aus der Form nehmen und noch für 5 Minuten weiterbacken.

Mehrkornseelen

100 Gramm Buchweizen
100 Gramm Leinsamen
100 Gramm Sesam
100 Gramm Sonnenblumenkerne
¼ Liter warmes Wasser
750 Gramm Weizenvollkornmehl
1 Würfel Hefe
¼ Liter warme Milch
2 Teelöffel Salz

Buchweizen, Leinsamen, Sesam und Sonnenblumenkerne in ¼ Liter warmem Wasser ca. 15 Minuten einweichen. Die Hefe in der Milch auflösen und mit den restlichen Zutaten zu einem eher weichen Teig kneten.
Die eingeweichte Körnermischung dazugeben, falls nötig noch etwas warmes Wasser dazugeben.
Den Teig gehen lassen, bis er sich fast verdoppelt hat (ca. 30 – 45 Minuten). Dann mit etwas Mehl zu drei Stangen formen und auf dem Blech ruhen lassen, bis der Backofen auf 220 Grad vorgeheizt ist.
Nun einschieben und ca. 35 Minuten backen. Das Brot muss beim Klopfen auf den Boden klingen, wenn es fertig ist.

Müllerspruch

Meister Müller,
mahle mir meine
Metze Mehl!
Morgen muss mir
meine Mutter
Milchmus machen.
(Zungenbrecher)

Hopfensalat

Die kleinen Hopfensprossen werden im Frühjahr abgeschnitten, jedoch nur fingerlang, geputzt, indem man unten ein wenig abschneidet, rein gewaschen und in kochendem Salzwasser weich gekocht (gerade so weich wie Spargel). Dann schüttet man den Hopfen auf einen Durchschlag und kühlt ihn mit Wasser ab.
Aus Salz, Pfeffer, Essig und Öl bereitet man in einer Schüssel eine Marinade und gibt den Hopfen hinein. Auf die Köpfe aufpassen, denn sie brechen leicht ab.

Heilkräuter und Unkräuter

Warum hat der liebe Gott so viel Unkraut erschaffen, dass man immer geplagt ist mit Jäten? Gewiss nicht aus Leibwerkerei; sämtliche Unkräuter sind nämlich Heilkräuter.

Der liebe Gott hat sie daher überall dem Menschen in den Weg gestreut, dass er gern oder ungern sie immer zur Hand habe. Selbst Katz und Hund wissen das und fressen von Zeit zu Zeit Gras.

Saatgut
bei abnehmendem Mond ernten

Aussaat
bei abnehmendem Mond vornehmen

Bei abnehmendem Mond säen und ernten wir:
Getreide, Hülsenfrüchte, Kartoffeln, Zwiebeln, Rüben, Rettich usw.

Bei zunehmendem Mond säen wir:
Schnittpetersilie, Salat, Schnittlauch, Küchen- und Heilkräuter, Blumen und auch den Rasensamen.

Wir brauchen uns nur zu fragen, was wir wollen:

Früchte?
Aussaat bei abnehmendem Mond!

Grünzeug (Kräuter und Blumen)?
Aussaat bei zunehmendem Mond!

Unsere „Bergoma" zieht ihre Tomatenpflanzen immer selbst!
Sie werden im Januar oder Februar bei abnehmendem Mond an einem Fruchttag ausgesät. Dazu nimmt sie im Herbst von ihrer besten Staude die größte Tomate und entkernt sie. Die Kerne werden in einem Sieb so lange gewaschen, bis nur noch der Samen übrig ist. Den Tomatensamen legt man dann auf einen Teller zum Trocknen.

Müllerspruch:

Ohne Mühle gibts kein Mehl.

Gesichtswasser mit Grünkraft
Gehen wir über die Wiesen und pflücken Kräuter, die uns ins Auge springen – vorausgesetzt, sie sind nicht giftig. Diese legen wir in eine Schale mit Wasser und rühren ein paar Mal im Uhrzeigersinn um. Die Schale lassen wir dann für einige Zeit in der Sonne stehen.
Mit diesem Wasser waschen wir uns dann das Gesicht.

Ostern

Es gibt nur eine Klinke und einen
Riegel an der Tür zu Deinem Herzen.
Beide sind auf Deiner Seite innen.
Du musst im Leben offen sein und
hinhören, denn nur Du kannst Dein
Herz öffnen oder verschließen.

Bettelmönch vom Karmeliterorden mit brauner Kutte

Sie suchten stets engen Kontakt mit dem Volk. Der Sammelbruder, der mit dem Sack auf dem Rücken durch die Dörfer wandert und um milde Gaben für sein Kloster bittet, ist rar geworden.

Hasenöhrl

500 Gramm Dinkelmehl 630
etwas Backpulver
eine Prise Salz
Schale einer abgeriebenen Bio-Zitrone
50 Gramm Butter
50 Milliliter kaltes Wasser
1 Ei
6 Esslöffel Sauerrahm
Butterschmalz oder Öl zum Frittieren
50 Gramm feiner Zucker
1 Teelöffel Zimtpulver

Mehl mit Backpulver, Salz und Zitronenschale mischen. Butter zerlassen und etwas anbräunen. Abgekühlt zum Mehl geben. Wasser, Ei und saure Sahne zufügen und alles zu einem glatten Teig vermischen. Etwa 15 Minuten kühl stellen.
Den Teig in Portionen teilen und etwa messerrücken-dick ausrollen. Mit dem Teigrädchen in Dreiecke mit zwei langen und einer kurzen Seite schneiden.
Fett erhitzen und die Hasenöhrl portionsweise darin etwa vier Minuten backen, bis sie schön goldbraun sind; herausnehmen und auf Küchenpapier abtropfen lassen.
Zucker und Zimt mischen. Heiße oder lauwarme Hasenöhrl damit bestreuen und servieren.

Eierlikör

8-10 Eidotter
250 Gramm feinen Zucker
3-4 Päckchen Vanillezucker nach Geschmack
½ Liter Cognac oder Rum
⅛ Liter hochprozentiger Alkohol aus der Apotheke
3-4 Becher Sahne (je 200 Gramm)

Alle Zutaten nach und nach verrühren und in Karaffen oder Flaschen füllen.

Müllerspruch:

Besser einen
Zentner Mehl
im Sack
als Federn
am Hut.

Osterlamperl

4 Eier
80 Gramm Zucker
1 Päckchen Vanillezucker
100 Gramm Weizenmehl 405
1 gestrichener Teelöffel Backpulver
25 Gramm geschmolzene Butter
Bittermandel- oder Arrakaroma

Für den Guss:
125 Gramm Puderzucker
etwas Rum und Mandelaroma
etwas Kokosfett

Für den Teig die Eier trennen, die Eiweiße steif schlagen. Zucker und Vanillezucker in eine Schüssel geben und mit den Eidottern schön schaumig rühren. Dann nach und nach das gesiebte und mit dem Backpulver vermischte Mehl hinzugeben und die erkaltete, noch flüssige Butter hinzufügen. Am Schluss noch etwas Bittermandel- oder Arrakaroma in die Masse einrühren und die Eiweißmasse vorsichtig unterheben.
Die schaumige Masse wird in eine gut gefettete, große Osterlammform oder in zwei kleinere gefüllt. Man bäckt sie bei Mittelhitze (180 Grad) blond aus, löst sie vorsichtig aus der Form und überzieht das Lamm mit einem Guss aus gesiebtem Puderzucker, etwas Rum und Mandelaroma, sowie ein wenig heißem Kokosfett und ein paar Tropfen heißem Wasser. Das Osterlamm wird mit einer Seidenschleife, einer Papierfahne und Augen aus Rosinen garniert und in grüne Papierwolle gesetzt.

Das Backen mit Hefe

Entgegen einer weit verbreiteten Ansicht kann man einen Hefeteig auch kalt zubereiten. Der Teig schmeckt dann sogar besser. Aber: Es dauert halt ein bisschen länger. Grundsätzlich gilt: Hefeteig eher kühler als zu warm zubereiten. Wenn das Wasser wärmer als 50 Grad ist, geht die Hefe kaputt. Versuchen Sie doch mal, einen Hefeteig wie vor 100 Jahren zuzubereiten. Sie werden überrascht sein, wie gut etwas mehr Zeit schmeckt…

Hier ein paar Tipps zum Backen mit Hefe aus einem 100 Jahre alten Kalender:

- Erkennungszeichen frischer Hefe: Sie sollte von leicht gelblich-weißer Farbe sein, sich leicht zerbröseln lassen und nach feinem Rum oder Obst duften.
- Behandlung der Hefe beim Backen: Kalt - mit kalten Zutaten ist es denkbar einfach, und keine Hausfrau oder Anfängerin braucht sich vor Hefeteigbereitung zu scheuen. Hefestück und Hefeteig bedürfen keiner besonderen Temperatur noch sonstiger aufregender Vorbereitungen, sondern alles Hefegebäck ist sehr einfach herzustellen. Alle Zutaten werden nicht angewärmt, sondern das Hefestück wird kalt angerührt und geht auch außerhalb aller Wärme oder im Kühlschrank auf. Es kann auch am Abend vorher angesetzt und am anderen Morgen erst weiter verarbeitet werden, Hefegebäck, geformt oder in der Form, geht zum zweiten Male auch am kühlen Ort auf.
- Hefe muss stets in Flüssigkeit, Wasser oder Milch aufgelöst werden.
- Mehl sieben.
- Je öfter wir den Teig bearbeiten, umso feiner wird das Gebäck.
- Hefe zerbröckeln und mit einer Prise Zucker, einem Viertel des Mehles und kalter Flüssigkeit zu einem Hefestück anrühren, welches aufgehen muss. Eine Prise Mehl zur besseren Beobachtung darüberstreuen.
- Alle Teige nicht mit einem Küchentuch bedecken, sondern einen Deckel oder Frischhaltefolie verwenden, das verhindert das Austrocknen der Oberfläche und lässt den Teig besser aufgehen.

Einfaches Weißbrot

500 Gramm Weizenmehl 550
200 Milliliter warmes Wasser
1 Würfel Hefe
200 Milliliter Milch, Wasser oder Weißbier

Das Mehl sieben und mit dem Salz vermischen. Nun die Hefe in das warme Wasser einrühren, in die Mehlmitte geben und vorsichtig einen Teil des Mehles einrühren, so dass am Rand noch ein Kranz bleibt. Etwas Mehl auf die Hefe streuen und mit Frischhaltefolie oder einem passenden Deckel verschließen.
Ist das Hefestück gut aufgegangen, die restliche Flüssigkeit und das übrige Mehl dazugeben. Nun mit mehligen Händen 8 Minuten gehörig durchkneten, in kleine Semmeln oder lange Brote formen oder in eine gefettete Form legen. Nochmals aufgehen lassen, nach Belieben mit Ei bepinseln.
Bei 200 Grad ungefähr 30 Minuten backen. Um eine harte Kruste zu erzielen, wenn die Brötchen fast fertig sind in den heißen Ofen eine halbe Tasse Wasser spritzen (Achtung: nicht auf das Gebäck!) und den Ofen schnell wieder schließen. Kurz vor Backende den Dampf wieder rauslassen und fertigbacken.

Müllerspruch:

Wann ist der Müller ohne Kopf in der Mühle?

(Wenn er aus dem Fenster schaut)

Osterbrot

Zutaten für 9 Osterbrote (Honigeimerchen):
2½ Kilogramm Weizenmehl 405
4 x 40 Gramm Hefe
1 Tasse Zucker
½ Liter Milch
14 ganze Eier
16 Eigelb
625 Gramm weiche Butter
3 Tassen feiner Zucker
gute Prise Salz
Abgeriebenes von 3 Zitronen
Saft von 2 Zitronen
evtl. ¼ Liter Milch (eher keine)
Eigelb und Wasser zum Bestreichen

Für den Vorteig das Mehl in eine große Schüssel geben, in die Mitte eine Mulde drücken und die Hefe mit einer Tasse Zucker und dem halben Liter Milch zu einem Brei verrühren. Mit etwas Mehl vom Rand zudecken.
Nach ca. 20 Minuten die restlichen Zutaten hinzufügen und so lange schlagen, bis der Teig schöne Blasen wirft.

Nun den Teig ca. 45 Minuten zugedeckt ruhen lassen. Dann in die mit Backpapier ausgelegten Eimerchen verteilen, nochmals 15 Minuten gehen lassen und ein mit Wasser vermischtes Eigelb darüberstreichen. Anschließend mit einem Messer die Oberfläche einritzen.

Backen bei 200 Grad auf der unteren Schiene ca. 100 Minuten.

Statt Stollen backe ich in der Weihnachtszeit „Pannetone" nach dem Osterbrot-Rezept und füge nach dem Gehen Sultaninen, Zitronat, Orangeat etc. zu, fülle in die Eimerchen ab.

Osterhas, wo sind unsere Nester?

Haferflockenbrötchen

300 Gramm grobe Haferflocken
200 Gramm Dinkelvollkornmehl
2 Päckchen Backpulver
2 Eier
500 Gramm Magerquark
2 Teelöffel Salz
ca. 50 Milliliter Wasser, je nach Quark
Körner nach Belieben

Alle Zutaten zu einem Teig verarbeiten und in 12 Brötchen teilen. Diese auf ein Backblech setzen und im vorgeheizten Ofen bei 170 Grad Umluft 35 Minuten backen.

Löwenzahnwein

6-8 Liter Wasser und
3,5-4 Kilogramm Zucker werden aufgekocht (geläutert)

Man pflückt 4-5 locker gefüllte Liter-Messbecher Löwenzahnblüten (nur das Gelbe der Blüten), dann fügt man 2 Zitronen und 3 Orangen in Würfel geschnitten hinzu und überbrüht alles mit ca. 2 Liter kochendem Wasser. Anschließend 15 Minuten stehen lassen.

Verwendet man die ganzen Blüten (mit Kelch), darf das Ganze nicht länger als 2 Minuten ziehen. Das Löwenzahnwasser nun abseihen und mit dem geläuterten Zuckerwasser in einen Glasballon füllen. Diesen mit einem Gärspund verschließen und für ca. 8 Wochen an ein sonniges Fenster oder an einen warmen Platz stellen.

Fertig ist der Löwenzahnwein, wenn alle Schwebstoffe am Boden sind und er nicht mehr gluckert.

Der Wein sollte nun schön klar im Ballon sein. Jetzt kann er in kleinere Flaschen umgefüllt oder getrunken werden. Je länger er lagert, umso öliger wird er.

Rezept von unserer „Bergoma"

Alter Glasballon mit Gärspund

Pfannkuchen

250-345 Gramm Dinkelmehl 630
½-¾ Liter Milch
4 Eier
Salz
Fett zum Ausbacken

Aus Mehl, Milch, Eier und Salz glatten Teig herstellen. Teig soll dicklich vom Löffel laufen (man tut gut daran, zuerst Milch und Mehl zusammen zu quirlen und dann die Eier hinzu zu quirlen, auf diese Wiese bildet das Mehl keine Knötchen).

In das heiße Fett jeweils eine dünne Teigeinlage geben, anbacken lassen, wenden, auf beiden Seiten hellbraun backen. Sollen die Pfannkuchen gerollt werden, den Teig ohne Eischnee herstellen, sollen die Pfannkuchen sehr locker sein, müssen die Eier getrennt werden.

Meine Familie mag besonders gefüllte Pfannkuchen. Dazu die erste Seite anbacken, den Pfannkuchen wenden, und jetzt muss es schnell gehen: Die vorbereiteten Restl aus dem Kühlschrank – geriebener Käse, Salami, Schinken, alles, was man auf eine Pizza streuen kann, auch frische Kräuter – werden auf den Pfannkuchen gegeben, und der wird schnell zusammengerollt.

So gibt es bei mir immer gleichzeitig süße und deftige Pfannkuchen.

Für eine Pfannkuchensuppe werden die restlichen, erkalteten Pfannkuchen in dünne Scheiben geschnitten und in die fertige heiße Brühe gelegt. Schnittlauch in die Mitte geben.

Müllerspruch:

Gott gibt
das Korn,
den Laib
muss der Mensch
selbst backen.

Annelies' Kässpätzle

Dinkelgrieß wird hauptsächlich verwendet für Teigwaren, Mehlspeisen und dient als Nährmittel.

Dinkeldunst ist ein Spezialprodukt aus der Mühle. Er ist feiner als Grieß, aber gröber als Mehl.

Dinkelmehl gibt es in verschiedenen Typen.

Zutaten für 4 Personen:
600 Gramm Dinkeldunst
8 Eier
¼ Liter Wasser
Salz
je 150 Gramm Emmentaler, Allgäuer Bergkäse und Gouda
5 Zwiebeln
etwas Mehl, Butter
frischer Schnittlauch

Mehl, Eier, Wasser und Salz gut durchmischen und so lange schlagen, bis der Teig Blasen wirft. Den Käse reiben.
In einem Topf reichlich Salzwasser zum Kochen bringen. Spätzleteig portionsweise mit einem Spätzlehobel hineinhobeln. Alternativ den Teig auf ein Brett streichen und mit einem Teigschaber Spätzle abschaben oder den Teig durch eine Kartoffelpresse in das Salzwasser drücken. Aufkochen lassen.
Wenn die Spätzle an der Wasseroberfläche schwimmen, sind sie gar. Mit einem Schaumlöffel aus dem Topf schöpfen und etwas abgetropft schichtweise mit dem geriebenen Käse in eine feuerfeste Form geben. Zugedeckt im Ofen bei ca. 50 Grad warm halten.
Zwiebeln schälen, in Ringe oder feine Würfel schneiden, mit Mehl bestäuben und langsam in Butter goldgelb anschwitzen. Auf die Kässpätzle geben und mit Schnittlauchröllchen garnieren.
Mit einem frischen grünen Salat servieren.

Tipps fürs Backen und Kochen mit Dinkel

Nudeln gelingen sogar ohne Ei. Schwaben verarbeiten Dinkeldunst gerne zu Spätzle. Diese sind allerdings ohne Ei undenkbar.
Faustregel: pro Person ein Ei und zwei gehäufte Esslöffel Dunst, etwas Milch und Salz. Dann schlagen, einige Minuten ruhen lassen, wieder schlagen – das macht gute Spatzen. Ergibt bissfeste Spatzen, die sich auch gut nochmals aufwärmen lassen.

Topfennockerl

4 Esslöffel Butter
4 Esslöffel Zucker
1 Packung Vanillezucker
¼ Liter lauwarme Milch

Für den Teig:
500 Gramm Magertopfen
etwas Salz
4 ganze Eier
125 Gramm Dinkelmehl 630

Backofen auf 200 Grad vorheizen.
In eine höhere Kasserolle die Butter geben, zergehen lassen, dann Zucker, Vanillezucker und die lauwarme Milch dazugeben.
Aus Topfen, Salz, Eiern und Mehl einen Teig herstellen, mit einem Esslöffel Nockerl formen und in die lauwarme Flüssigkeit setzen.

Im Backofen (nicht zugedeckt) bei 200 Grad ca. ½ Stunde schön goldbraun backen.
In dieser Zeit den Ofen nicht öffnen.

Die Nockerl werden fast doppelt so groß und sollten sofort gegessen werden (fallen schnell zusammen).

Müllerspruch:

Die Müller,
die sind wacker,
die Mühle
ist ihr Acker,
die Welle
ist ihr Pflug,
damit verdienen
sie Korn und
Weizen genug.

Helmut Gollisch

Dieses Rezept stammt von Renate und hat es zu einer der Leibspeise meiner Familie gebracht.

Fronleichnam

Fronleichnamsprozessionen finden zum Segen der Felder und Fluren statt.

Nach der alten Ordnung eröffnen den Zug Ministranten mit dem Vortragkreuz. Ihnen folgen die Kinder, darunter die Kommunionkinder des betreffenden Jahres.
Meist folgen dann die Jungfrauen mit der schön geschmückten Statue der Mutter Gottes, Vereine mit ihren prächtigen Fahnen, Feuerwehr und Bruderschaften nach ihnen.
Den Traghimmel mit dem Allerheiligsten durften früher nur große Bauern mit bestem Leumund tragen. Dieses Privileg wurde vom Vater auf den Sohn übertragen. Alle christlich gläubigen Menschen, die in unseren Dörfern noch traditionelle Werte weitertragen, Brauchtumspflege leben und diese Werte dadurch erhalten, begleiten den Zug.

Ihre wichtigste Aussage:
„Bete und arbeite" – d. h. Gott an die erste Stelle zu setzen. Dazu: Maßhalten in allen Dingen.

Andacht vor dem ersten Feldaltar am Pfarrhaus

Ehrensalut und Gebet vor dem Allerheiligsten

Quarkschusser

300 Gramm Quark
120 Gramm Zucker
5 Eier
1 Prise Salz
geriebene Zitronenschale
1 Teelöffel Natron
500 Gramm Dinkelmehl 630
2-3 Esslöffel Milch
etwas Puderzucker oder Rohrzucker

Quark, Zucker und Eier mit dem Schneebesen gut verrühren.
Salz, Zitronenschale und das mit Natron vermischte Mehl dazurühren, ebenso die Milch. Mit 2 Kaffeelöffeln kleine Nockerl abstechen und ins heiße Fett legen, goldbraun backen und dann mit Puderzucker bestäuben oder in Rohrzucker mit Vanille wälzen.

Der Landmann baut mit Müh und Not
das Korn für unser täglich Brot.
Zum Müller wird das Korn gebracht
und weißes Mehl daraus gemacht.
Der Bäcker nimmt das Mehl ins Haus
und backt im Ofen Brot daraus.
Die Mutter streicht noch Butter drauf,
und wir, wir essen alles auf.

Kommt unangemeldet Besuch ins Haus, sind die schnellen Quarkschusser im Handumdrehen fertig.

Dinkel: die Grundlage

Dinkel – ein starkes Getreide, das schon bei den Römern sehr beliebt war: intensiv, robust, von der warmen Farbe der Erde. So präsentiert sich uns heute der Dinkel, ein Getreide mit langer Geschichte.

Heute wird der Dinkel vor allem in gebirgigen Lagen angebaut. Der Dinkel, den wir für unsere Produkte verwenden, stammt aus ausgewählten Gebieten Bayerns, wo er bereits in römischer Zeit angebaut wurde.

Bei der Verarbeitung bleiben die Reinheit und die geschmacklichen Eigenschaften des Getreides erhalten und entfalten so ihre volle Wirkung am Gaumen. Es ist ein klarer und runder Geschmack, der immer neue Erlebnisse bringt.

Ich mache eine Putzanwendung und behaupte: Würde man Brot von Getreide, Roggen, Weizen oder Korn in gleichen Portionen nehmen, so könnte auch die menschliche Natur vollständig ausreichend genährt werden; der Körper könnte ganz gesund, kräftig und ausdauernd erhalten werden.

Und dieses Brot allein könnte hinreichen, dass die Armen, die oft meinen, sie seien gar so übel daran, glücklicher bei dieser Lebensweise wären als die, welche jeden Tag mit großer Auswahl alle möglichen Speisen zu sich nehmen können.

Hildegard von Bingen

Der Ursprung ist die Qualität.
Man spürt den Duft
der Sonne und der Erde.

Der Schlosser Girgl mit Pferd und Pflug auf seinem Feld oberhalb von Obermühl

einer gesunden Ernährung

Dinkelkost steigert das Allgemeinbefinden und die Leistungsfähigkeit. Aufgrund seiner Ähnlichkeit mit dem menschlichen Plasma gelangt der Dinkelstoff schnell ins Blut und stimuliert dadurch nicht nur die Zellerneuerung, sondern sorgt gleichzeitig für eine Entgiftung, da er die Nierentätigkeit anregt.
Die Durchblutung wird ebenfalls angeregt, und der Körper verspürt nach dem Genuss von Dinkelprodukten ein Wärmegefühl, welches die Heilung von Haut- und Schleimhauterkrankungen fördert.

Fastensuppe

1 Tasse Dinkelschrot mit 3 Tassen Wasser aufkochen. Karotten, Bohnen, Fenchel, Sellerie und Kräuter nach Geschmack hinzufügen, 20-30 Minuten kochen, abseihen, mit Galgant und Bertram würzen, dann trinken.

Müllerspruch:

Einst warfen mich
die Menschen
in eine Grube,
dann wuchs ich
auf als Halm,
reifte zur Ähre;
da schnitten
sie mich,
dann mahlten
sie mich,
buken mich im
Ofen und
aßen mich
auf als Brot.

Dinkelkörner

Dinkelschrot

Dinkel ist der Namensgeber für viele Orte in den Anbaugebieten wie zum Beispiel Dinkelsbühl.

Das warme Habermus-Frühstück

Das wichtigste Rezept in der Hildegard-Ernährung ist das schwäbische Habermus. Es ist warm und eine Speise aus gesunder Mehlfrucht!
Dieses sollte nach Hildegard die erste Mahlzeit des Tages sein. Für eine Person braucht man folgende Zutaten:

1 knappe Tasse Dinkel-Habermus
2 Tassen Wasser
1 kleingeschnittener Apfel
je 1 Messerspitze Galgant- und Bertrampulver
etwas Quendel
2 Teelöffel Honig
½ Teelöffel Flohsamen
Zimt
nach Belieben noch geraspelte Mandeln

Das Habermus in das kalte Wasser einrühren und unter Umrühren 5 Minuten vorsichtig aufkochen. Apfel, Gewürze, Honig und Flohsamen hinzufügen. Bei kleiner Hitze 10 Minuten quellen lassen und mit Zimt und Mandeln bestreut servieren.
Warm genießen!

Sehr geeignet für Magenempfindliche.

Habermus ist ein gesiebter Dinkelfeinschrot. Er ist in der Körnung gröber als Grieß und hat einen hohen Schalenanteil.

Vorteil des Breis:
Er macht lange satt, kräftigt den Organismus, regt Magen und Darm an, ohne zu belasten.

Die Zutaten für ein Frühstück nach Hildegard von Bingen, den Flohsamen noch extra hinzugeben

Bertram (Anacyclus pyrethrum)

Die römische Bertramwurzel stammt aus dem Mittelmeerraum und dem Kaukasus. Bertram wird angewendet bei Verdauungsstörungen und allgemeiner Fehlernährung. Der Geschmack der Wurzel ist zunächst neutral, dann zusammenziehend (adstringierend). Sie enthält ätherische Öle und Inulin, eine abwehrstimulierende Zuckerverbindung. Die deutsche Bertramwurzel gilt als Verfälschung.
Neue Studien zeigen: Bertram unterstützt die Aufnahme von Vitaminen und lässt nichts unverdaut.

Er lockt im Mund Feuchtigkeit und Speichel an, weil er schlechte Säfte ausleitet und Gesundheit zurückgibt.

Dinkelmüsli: Vor dem Vermischen sieht man recht deutlich die gschmackigen Zutaten.

Dinkelmüsli für zwischendurch

Es spielt keine Rolle, zu welcher Tageszeit wir dieses Müsli verzehren. Es ist angelehnt an den Bircher-Frischkornbrei nach Dr. Brucker. Wichtig ist nur: Frischkost sollte immer vor der gekochten Kost gegessen werden.

Das Sieben-Tage-Abenteuer – eine Erfahrung fürs Leben.

Trinken Sie mindestens eine Woche lang jeden Abend vor dem Schlafengehen ein Glas Wasser, das 1-2 Teelöffel Apfelessig enthält.

Wie gut das tut, werden Sie schon bald merken. Der Essig wirkt im Körper basisch und sorgt für den heute vielfach notwendigen Ausgleich für die tägliche Übersäuerung durch die „Normalkost" (Weißmehl, Zucker, Fleischprodukte, Brühwürfel usw.).

3 Esslöffel Dinkelkörner am Abend grob schroten, mit
6 Esslöffel Wasser einweichen
Zubereitung am Morgen:
1 Esslöffel Sultaninen
1 Esslöffel grob geraspelte Mandeln oder Nussmus
3 Esslöffel Frischobst
1 Prise Vanillepulver
1 Teelöffel Ahornsirup
2-3 Esslöffel flüssige Sahne
Joghurt oder Dickmilch

Wenn Joghurt oder Dickmilch verwendet werden, müssen Obst und Honig wegen Darmunverträglichkeiten wegbleiben. Ein geriebener Apfel macht den Brei recht luftig und wohlschmeckend.

Flohsamen
saugt die Fäulnis aus dem Darm.

Süße Mandeln
besitzen ein hervorragendes Eiweiß – als Nerveneiweiß zum Aufbauen und Kräftigen.

Fenchel – am besten morgens kauen –
reinigt innerlich, er stimuliert den Östrogenhaushalt, daher gut für Frauen. Man sollte viel Fencheltee trinken. Für einen guten Atem kaut man ca. 16 Fenchelkörner.

Barfuß gehen

Der Müller und die Erbse

Gib mir eine Erbse.
„Ich habe keine."
Geh zum Müller und hol dir eine.
„Er gibt mir keine."
So such dir eine.
„Ich finde keine."
So blas ich dich.
„So wehr ich mich."

Nun blasen sich die Kinder ins Gesicht. Wer es am längsten, ohne zu lachen, aushält, bekommt von dem anderen eine Erbse.

Ein Ratschlag nach Pfarrer Kneipp:

Somit soll das Barfußgehen allgemein sein; kein Alter, kein Stand und kein Geschlecht ist ausgenommen, weil durch das Barfußgehen die Natur gekräftigt und dadurch auch vielen Übeln vorgebeugt wird. Es soll aber nicht bloß einige Minuten barfuß gegangen werden, sondern je länger, desto besser, je nach der Witterung und Jahreszeit. Ist das Barfußgehen im Freien nicht möglich, so kann ja entweder im Zimmer barfuß gegangen oder es können doch die Füße nur recht schwach bedeckt werden.

Viel wichtiger ist es, dass die Füße durch das Barfußgehen die Natur fühlen.

Besser ist es,
hinkend auf dem rechten Weg
zu gehen
als mit einem festen Schritt
abseits.
Augustinus

Für schöne weiche und gepflegte Füße

Man koche sich Dinkelnudeln in reichlich Wasser. In dieses gibt man Meersalz und Olivenöl zum Kochen. Wenn die Nudeln bissfest sind, abgießen. Und jetzt kommts: das Nudelwasser nicht wegschütten, sondern in einer separaten Schüssel aufheben.

Das Fußbad:
2 Liter Wasser zum Kochen bringen, in eine flache Wanne gießen. Das Nudelwasser dazugeben. Bei Bedarf noch etwas Meersalz und Olivenöl zufügen. Mit kälterem Wasser die Temperatur regeln. Ca. 10 Minuten darin baden. Hervorragend gegen Schrunden; auch für die Hände geeignet.

Nudelwasser ist auch hervorragend für das Haarkleid des Hundes. Einfach ins Nudelwasser etwas Brot hineinbröckeln und als Mahlzeit dem Hund servieren. Nach mehrmaliger Anwendung erhält er ein glänzendes, festes Fell.

Zeigt her Eurer Füßlein, zeigt her ...

Lebensader Wasser

Das Wasser spielt für uns Müller eine wichtige Rolle. Es ist die Lebensader von unserer kleinen Mühle. Dieses kleine Mühlbächlein prägt die Landschaft; es zieht sich ca. 1500 Meter durch den Wald – vorbei an Wiesen über Rohrleitungen unter der Straße und über dem Mutterbach bis zum Stauweiher oberhalb unserer Mühle. Es ist Kulturlandschaft, über hunderte von Jahren angelegt, bewährt und gewachsen.

Wasserkraft ist eine Energie, die sich nicht verbraucht und immer wieder erneuert. Wir Müller haben unsere Kulturlandschaft über Jahrhunderte geprägt und sind dabei fortlaufend dem Wasser ausgesetzt. Diese kleinen Bächlein, die bei Hochwasser zu Ungeheuern werden können, wurden geschickt gepflegt, um einerseits ihre Kraft nutzen zu können, aber auch, um im Ernstfall nicht geschädigt zu werden.

Die Natur hat ihre eigene Dynamik, und diese zu verstehen, dauert oft viele Generationen.

Denkst Du Dein Leben hochzubringen,
so halte Maß in allen Dingen.

Das Mühlbachmelken

Dabei staut der obere Müller solange auf, bis ihm das Wasser ausreicht, die Mühle in Betrieb zu setzen. Der unten gelegene Müller kann dann aber erst arbeiten, wenn der obere die Mühle laufen lässt. Oft führte dies aber beim unteren Müller zu Überfluss und war häufig ein Streitpunkt.

Wasserkraft – eine Energie, die sich nicht verbraucht

Petersiliencreme-suppe

60 Gramm frische Petersilie

2 Esslöffel Butter

1 Liter Wasser

40 Gramm frisch und sehr fein gemahlenes Dinkelvollkornmehl

Vollmeersalz

2 Esslöffel frische Sahne

1 Esslöffel Butter

1 Eigelb

Die Hälfte der fein gewiegten Petersilie in Butter unter ständigem Rühren ganz leicht andünsten. Mit dem Wasser auffüllen, zum Kochen bringen und das mit ein wenig Wasser angerührte Dinkelmehl mit dem Schneebesen einrühren. 2 Minuten leise ziehen lassen.

Von der Feuerstelle abziehen, Vollmeersalz, Sahne, Butter, Eigelb und den Rest der Petersilie dazugeben. In Suppentassen anrichten.

Müllerspruch:

Keiner darf einem anderen das Wasser abgraben.

aus dem Jahre 1235

„Schwarzfischen" hinterm Haus an einem Zulauf des Simssees

Schnittlauch und Petersilie mögen sich nicht

Weil sich Schnittlauch und Petersilie nicht besonders mögen, sollten sie möglichst weit auseinander gepflanzt werden.

Neben der Freude an der täglichen Frische und dem feinen Duft sind selbstgezogene Kräuter kaum oder gar nicht mit Schadstoffen belastet.

Das Wandern ist des Müllers Lust,
Das Wandern!
Das muß ein schlechter Müller sein,
Dem niemals fiel das Wandern ein,
Das Wandern.

Vom Wasser haben wir's gelernt,
Vom Wasser!
Das hat nicht Rast bei Tag und Nacht,
Ist stets auf Wanderschaft bedacht,
Das Wasser.

Das sehn wir auch den Rädern ab,
Den Rädern!
Die gar nicht gerne stille stehn,
Die sich mein Tag nicht müde drehn,
Die Räder.

Die Steine selbst, so schwer sie sind,
Die Steine!
Sie tanzen mit den muntern Reihn
Und wollen gar noch schneller sein,
Die Steine.

O Wandern, Wandern, meine Lust,
O Wandern!
Herr Meister und Frau Meisterin,
Laßt mich in Frieden weiter ziehn
Und Wandern.

Entnommen aus dem Liedercyclus: Die schöne Müllerin von Franz Schubert, Deutsche Verlags-Anstalt

Die Hildegard-Maikur

Der wirkungsvolle Frühjahrsputz für unseren Körper

Zitat von Hildegard:
„Wenn der Wermut frisch ist, dann zerstampfe ihn und presse durch ein Tuch den Saft aus. Dann koche Wein mit Honig – aber nicht zu stark – und gieße von diesem Saft so viel in den Wein, dass der Saftgeschmack den Weingeschmack und den Honiggeschmack übertrifft. Das trinke vom Mai bis zum Oktober jeden dritten Tag nüchtern (vor dem Frühstück). Es beseitigt in dir die Nierenschwäche (Lanksucht) und die Melanche (Schwarzgalle) und klärt deine Augen und stärkt dein Herz und lässt nicht zu, dass deine Lunge krank wird. Es wärmt den Magen (Darm) und reinigt die Eingeweide und bereitet eine gute Verdauung."

Der Wermutwein ist ein Universalmittel. Besonders gut eignet sich dieser Wein als Vorbeugung gegen Virusinfektionen, Grippe und Erkältungen im Winter. Das Immunsystem wird dadurch besser stabilisiert und ist widerstandsfähiger in der kalten Jahreszeit.

Da dieser Wein sehr vielfältig einsetzbar ist, wird er auch „Meister gegen alle Erschöpfungen" genannt!

Haben sich im Menschen schlechte Säfte, Schleime usw. durch die tägliche Stoffwechselarbeit gebildet und machen sie den Menschen krank, so müssen sie durch die Ausleitungsverfahren aus dem Körper entfernt werden. Nach dem Hildegard-Arzt Dr. Hertzka kann die Maikur auch zu einem späteren Zeitpunkt begonnen und bei schweren chronischen Erkrankungen das ganze Jahr über eingenommen werden.

Maitrankrezept:

40 Milliliter Frühjahrswermutsaft
1 Liter Qualitätswein
100 Gramm Honig

Den Frühjahrswermutsaft in den kochenden Wein mit Honig gießen, danach abseihen und in Flaschen füllen.
Anwendung: Jeden dritten Tag von Mai bis Oktober ein Likörglas nüchtern vor dem Frühstück trinken.

Das Beginnen der Maikur bei abnehmendem Mond verstärkt ihre Wirkung.

Der Wermut wächst auf steinigen Böden.

Schabzigerklee eignet sich für Brot, Vinschgerl sowie pikantes Gebäck. Er würzt Salate, Dips und Brotaufstriche. Sehr gut schmeckt er in Aufläufen mit Ei, Käse oder Kartoffeln.

Schabzigerklee

Der Schabzigerklee bildet eine Pfahlwurzel und sammelt Stickstoff im Boden, was im biologischen Anbau von Bedeutung ist: Geerntet wird das grüne Kraut, indem die Pflanze je nach Verwendungszweck ein bis drei Mal im Jahr kurz vor oder nach der Blüte gemäht wird. Das frische Erntegut wird im Anschluss getrocknet und fein gemahlen. Schabzigerklee dient ausschließlich getrocknet zum Würzen. Sein Geschmack und Geruch erinnern an Liebstöckel, und er ist ein typisches Brotgewürz. Besonders geeignet ist er auch für pikante Brötchen. Die Blüten nimmt man wegen ihrer Bitterstoffe und freien Radikalen für den Salat. Der aromatisch und herb schmeckende Schabzigerklee wirkt appetit- und verdauungsanregend.

Müllerspruch:

Im Brote ruht
das beste Mark,
es macht gesund,
es macht uns stark.

vom Roggen

Topfenrezept

500 Gramm geschöpfter Topfen
1 Becher Sauerrahm oder Crème fraîche
1 Becher weißer Joghurt (150 g)
1 Teelöffel Schabzigerklee gemahlen
1 Knoblauchzehe
1 Bund frische Kräuter aus dem Garten
1 Teelöffel Salz

Alles zu einem Dip verarbeiten und garnieren.

Der Schabzigerklee gehörte in jeden Bauerngarten.

Kirschblütenkaffee

Brauch in unserer Familie

Jedes Jahr zur Kirschblüte versammeln wir uns unter dem Kirschbaum am Waldesrand zum Kirschblütenkaffee.

Als unser Papst Benedikt XVI. eingekleidet werden sollte, saßen wir auch unterm Kirschbaum, und spontan kamen wir auf die Idee, es sollte bei der Einkleidung auch jemand von uns dabei sein.

Und so machten wir uns noch am gleichen Tag auf, um nach Rom zum Papst zu fahren. Es war ein Erlebnis! Die ganze Nacht mit dem Zug unterwegs, morgens in Rom mit den Pilgerscharen zum Petersplatz und mittendrin dabei sein zu dürfen, hat uns tief bewegt.

Ein unvergesslicher Kirschblütenkaffee.

Kirschkuchen

100 Gramm Zucker
80 Gramm Butter
5 Eidotter
5 Eiklar
1 Teelöffel Backpulver
100 Gramm Zartbitterschokolade geraspelt
200 Gramm Haselnüsse

Zutaten für Belag:
1 Päckchen Vanillepudding
1 Glas Sauerkirschen
Sahne
Eierlikör

Zucker mit Butter und Eidotter schaumig schlagen. Dann das Backpulver, die Schokolade und die geriebenen Haselnüsse beimengen.

Aus dem Eiklar eine Schaummasse rühren. Den geschlagenen Eischnee zum Schluss vorsichtig in die Haselnussmasse unterheben.

Bei 180 Grad 1 Stunde backen.

Für den Belag Vanillepudding mit den Kirschen einschließlich Saft aufkochen und über den Kuchen geben. Auskühlen lassen und anschließend Sahne und Eierlikör auf den Kuchen streichen.

Donauwellen

Rührteig:
200 Gramm Butter
200 Gramm Zucker
7 Eier
420 Gramm Dinkelmehl 630
1 Päckchen Backpulver
etwas kalte Milch
1 Glas entkernte Sauerkirschen
2 Esslöffel Kakao, etwas Rum

Butter schaumig rühren, bis sie Spitzen zieht, nun abwechselnd Zucker und ganze Eier einzeln unterrühren. Die Masse muss locker schaumig sein. Nun das mit Backpulver vermischte, gesiebte Mehl unterrühren, „rasch", wenn der Teig zu fest ist, noch etwas kalte Milch hinzufügen.
Die größere Hälfte vom Teig auf ein gefettetes Backblech verteilen. In die andere Hälfte 2 Esslöffel Kakao einrühren, mit etwas Rum aromatisieren und mit Milch verflüssigen.
Nun das Ganze über den ersten Teig streichen und eine Gabel spiralförmig durch beide Schichten ziehen, um ein Marmormuster zu erzielen. Die Kirschen gleichmäßig dicht auf den Teigboden legen.
30 Minuten bei 175 Grad auf der mittleren Schiene backen.

Buttercreme:
500 Milliliter Milch
100 Gramm Zucker, 1 Päckchen Vanillezucker
1 Päckchen Pudding
200 Gramm Butter
Aus Milch, Zucker und Puddingpulver einen Pudding rühren und erkalten lassen. Dann die Butter schaumig schlagen und langsam den Pudding unterheben. Nun noch einen Schokoguss über die Creme ziehen, und fertig sind unsere Donauwellen.

Nusszopf

Wenn wir anstelle von Ei nur Eiweiß verwenden, wird der Teig lockerer – aber auch schneller verderblich.

Wenn wir nur ganze Eier verwenden, wird der Teig schwerer.

Wenn der Zopf länger halten soll, verwenden wir anstelle von Eiern die doppelte Menge an Dotter.
2 ganze Eier entsprechen 4 Dotter.
Die fehlende Flüssigkeit evtl. mit Milch ausgleichen. Dieser Teig entwickelt sich aber langsamer.

Zutaten für Hefeteig
500 Gramm Weizenmehl 405
1 Würfel Hefe
150 Milliliter Milch
80 Gramm Zucker
80 Gramm Butter
1 Prise Salz
6 Eigelb
geriebene Schale zweier Zitronen

Zutaten für Nussfülle:
100 Gramm Rahm oder 150 Milliliter Milch
4 Esslöffel Honig
100 Gramm Zucker
100 Gramm Butter
300 Gramm geriebene geröstete Haselnüsse
Zimt, Rum

Hefeteig: Aus Mehl, Hefe und Milch (80 Milliliter) einen Teigansatz machen, glatt arbeiten, mit Mehl abstauben und warmstellen, ca. 20 Minuten gehen lassen.
Die restlichen Zutaten hinzufügen und einen mittelfesten Teig kneten, 40 Minuten gehen lassen.
Anschließend 3 gleich große Teigstücke formen und nochmals 15 Minuten gehen lassen.
Die Teigstücke ausrollen und die fertige Nussfüllung aufstreichen, einrollen, Nähte andrücken (mit Wasser ankleben) und auf die Unterseite legen. Einen Zopf flechten und 30 Minuten gehen lassen. Die Haut trocknen lassen und mit Eigelb oder Milch bestreichen; nochmals antrocknen und bei 200 Grad eine halbe Stunde backen.
Nussfülle: Sahne bzw. Milch, Honig, Zucker und Butter aufkochen. Das Ganze mit den Nüssen, dem Zimt sowie dem Rum aufrösten (Rum zum Schluss hinzugeben – wegen des Aromas).

Gelbe-Rüben-Torte

6 Eigelb
200 Gramm Zucker
Zitronenabrieb
1 Päckchen Vanillezucker
2 Esslöffel Kirschwasser
2 Esslöffel Rum
300 Gramm Möhren, fein gerieben
300 Gramm Mandeln, gemahlen
50 Gramm Mehl
½ Teelöffel Zimt
6 Eiweiß

Eigelb und Zucker schaumig rühren, bis der Zucker aufgelöst ist. Die abgeriebene Zitronenschale, den Vanillezucker, das Kirschwasser, den Rum und die feingeriebenen Möhren unterrühren. Die Mandeln, das Mehl und den Zimt unter die Eigelbmasse heben. Anschließend das Eiweiß steif schlagen und unter die Eigelb-Möhren-Masse heben.

Die Torte in einer Springform (Durchmesser 26 cm) im vorgeheizten Ofen 60 Minuten bei 180 Grad backen.

Die fertige Torte abkühlen lassen und dick mit Puderzucker bestäuben oder mit Orangen- bzw. Aprikosenmarmelade bestreichen und mit Puderzuckerglasur (Zitronengeschmack) bedecken.

Rotweinkuchen

200 Gramm Butter
200 Gramm Zucker
4 Eier
250 Gramm Weizenmehl 405
1 Päckchen Backpulver
1 Teelöffel Kakao
1 Teelöffel Zimt
⅛ Liter Rotwein
100 Gramm Schokoladenstreusel

Butter schaumig rühren, Zucker und Eier nacheinander unterrühren, dann Mehl, Backpulver, Kakao und Zimt einsieben. Rotwein darübergießen, zum Schluss Schokoladenstreusel unterheben.

Backzeit: 60 Minuten in Kastenform bei 180 Grad

Hübsch und adrett beim Sonntagsspaziergang in den Sechzigern

Mohntorte

150 Gramm Butter
150 Gramm Zucker
4 Eier getrennt
1 Prise Salz
150 Gramm Mohn gemahlen
3 Esslöffel Milch
1 Päckchen Puddingpulver (Vanille)
1 gestrichene Teelöffel Backpulver
50 Gramm Zitronat

Die Butter schaumig rühren, nach und nach Zucker, Eigelb, Salz, Mohn, Milch und das mit Backpulver gemischte Puddingpulver unterrühren. Den steif geschlagenen Eischnee und das zerkleinerte Zitronat darunterheben, den Teig in eine gefettete Springform füllen.

Backzeit: ca. 20 Minuten bei guter Mittelhitze (ca. 200 Grad)

Biskuit

9 Eier
225 Gramm Zucker
2 Eiweiß extra
225 Gramm Dinkelmehl 630
2 Teelöffel Backpulver
Vanille und Zitronenschale

Die Eier trennen, den Zucker halbieren.
Aus Eigelb und der Hälfte des Zuckers eine Schaummasse rühren.
Dann das ganze Eiweiß und den restlichen Zucker schaumig rühren und alle übrigen Zutaten vorsichtig untermengen. Den Teig in eine große 28er Springform füllen.
Im vorgeheizten Backofen – mittlere Schiene – bei 180 Grad ca. 10 Minuten backen.
Gabelkontrolle!

Wunderbar auch als Obstkuchenboden.

Müllerspruch:

Hat Margaret (20.7.) keinen Sonnenschein, kommt das Korn nie trocken ein.

Ein typischer Moorstich, wie man ihn heutzutage kaum mehr sieht

Im Moor

Seit 250 Jahren wird Naturmoor in der Medizin eingesetzt. Sein Vorteil: Es kann optimal Wärme speichern, dosiert an den Körper abgeben und auch im „Inneren“ wirksam werden.
Das Ergebnis: Gewebe, Muskeln und Gelenke werden gewärmt und gelockert, das Wohlbefinden gefördert. Zudem regt Moor die Durchblutung an, bringt das Immunsystem in Schwung, beeinflusst den Hormonhaushalt positiv und wirkt gegen Viren und Bakterien.

Gegen Verspannungen ist ein heißes Moorbreibad äußerst wirkungsvoll. Der zähflüssige Torf kann Wärme ideal speichern, gezielt an die schmerzenden Muskelpartien abgeben, den Abtransport von Stoffwechselrückständen aus dem Gewebe fördern und gleichzeitig entsäuern. Eine gute halbe Stunde sollte man der verspannten Partie im schwarzen Brei gönnen, dann dringen die Inhaltsstoffe richtig in die Haut (Tipp: fertige Moorvliesauflagen).
Wenn wir Probleme mit dem Blutdruck oder eine Herzkrankheit haben, müssen wir vorher einen Arzt konsultieren.

Der erdige Torf treibt nicht nur den Stoffwechsel und die Ausscheidung von Schadstoffen an, sondern versieht die Schleimhäute auch mit einer antibakteriellen plus antiviralen Schutzschicht.

Moortherapie:

Fein gemahlenes Moor hat die Eigenschaft, Säure und Toxine zu absorbieren, die meist für das unangenehme Grummeln in der Magengegend verantwortlich sind. Auch bei Magen- und Darmentzündungen hilfreich. 1 Esslöffel Trinkmoor mit einem Glas lauwarmem Wasser mischen, dreimal täglich vor den Mahlzeiten trinken, am besten ab Frühherbst vier Wochen lang.

Torfabbau im Naturmoor zwischen Pfaffenbichl und Kohlstatt

Jede Familie hatte ihre Parzelle, und im Frühjahr packten alle mit an und stachen Torfziegel ab, die dann zum Trocknen über den Sommer aufgeschichtet wurden. So sicherte man sich einen guten Brennstoff für den Winter, dieser wurde früher auch zum Beheizen vom Backofen verwendet.

Franz Steinberger, die hohe Stimme von den Riederinger Sängern, mit seiner Frau und den Kindern in der Stuhlrainer Filzen beim Torfstechen

Der Staudacher von Neukirchen und Franz Steinberger beim Torfziegelstechen

Müllerspruch:

Was wäscht sich alle Tage und wird immer schwärzer?

Das Mühlrad

Kartoffelbrot

Zutaten für vier Personen:
500 Gramm Kartoffeln
125 Milliliter Milch
350 Gramm Dinkelmehl 1050
1 Ei
1 Esslöffel Olivenöl
1 Teelöffel Salz
1½ Teelöffel Zucker
1 Würfel Hefe
100 Gramm Speck, durchwachsen
1 Zwiebel
1 Bund Schnittlauch

Rohe, geschälte Kartoffeln fein reiben, auf ein Küchentuch geben, damit eindrehen und über der Spüle gut auspressen.

Warme Milch in die Kartoffelmasse rühren.
Mehl, Ei, Olivenöl, Salz, Zucker sowie die zerbröckelte Hefe dazugeben.

Alles so lange zu einem glatten Teig verkneten, bis er sich von der Schüssel löst. Mit einem Geschirrtuch abdecken und etwa 30 Minuten gehen lassen.

Speck und Zwiebeln würfeln, Schnittlauch in Röllchen schneiden und alles unter den gegangenen Teig kneten.

Den Teig in eine gefettete Kastenform geben, nochmals zugedeckt 30 Minuten gehen lassen. Im Backofen bei 200 Grad ca. 45 Minuten backen.

Dieses würzige Kartoffelbrot eignet sich hervorragend fürs kalte/warme Büffet oder für Brotzeiten mit Schafskäse und Oliven.

Als es noch keine Kartoffeln gab, war Getreide das wichtigste Grundnahrungsmittel.
Mühle und Müller waren lebensnotwendig und eine Mühle kostbar und wertvoll.
War der Müller aber krank oder hatte Pech, war er von wenig Nutzen. So wünschten ihm seine Kunden zu seinem wertvollen Besitz noch Glück dazu.

Erdäpfelnudeln mit Zimtbröseln und Mandeln

400 Gramm mehlige Erdäpfel
eine Prise Salz
50 Gramm Butter
150 Gramm griffiges Mehl
2 Dotter
50 Gramm Butter
100 Gramm Semmelbrösel
½ Teelöffel Zimt
80 Gramm geriebene Mandeln
Staubzucker zum Bestreuen

Die Erdäpfel in der Schale weich kochen, danach schälen, noch heiß durch eine Erdäpfelpresse drücken und auf einer Arbeitsfläche erkalten lassen. Sodann Salz, Butter, Mehl und Dotter beifügen und alles zu einem glatten Teig verkneten. Nun formt man den Teig zu einer Rolle, von welcher man etwa daumenbreite Stücke abschneidet. Aus diesen Teigstücken wiederum formt man kleine, längliche ‚Wurzeln', die in kochendem Salzwasser 2 bis 4 Minuten gar gekocht werden. Die Erdäpfelnudeln dann mit kaltem Wasser abschrecken und warmhalten. Währenddessen die Butter in einer Pfanne zerlassen und darin die Brösel hellgelb rösten. Dann Zimt und die Mandeln dazugeben und alles gut vermengen. Die Erdäpfelwurzeln in den Nussbröseln schwenken, gehäuft anrichten und mit Staubzucker bestreuen.
Zu dieser süßen, ausgiebigen Mahlzeit kann man nach Belieben jedes Kompott servieren.

Müllerspruch:

So golden
die Sonne
im Juli strahlt,
so golden sich
der Roggen
mahlt.

Kartoffelschmarrn

2 Tage alte Kartoffeln reiben,
Mehl vorsichtig unterheben,
nicht ‚wuzeln', sofort ins heiße Fett,
heiße Milch oder heißes Kraut dazu,
wenn fertig, dann erst salzen.

Kartoffelbaunkerl

Gleiche Art, 2 Eier dazu, Salz,
runde Kugeln zerdrücken und flach ins heiße Fett.

Weißbrot

Zutaten Vorteig:
350 Gramm Weizenmehl 405
180 Milliliter Wasser
½ Teelöffel frische Hefe

Zutaten Teig:
450 Gramm Weizenmehl 550
10 Gramm Hefe
340 Milliliter Wasser
50 Milliliter Olivenöl
15 Gramm Salz

Olivenöl zum Bestreichen
Mehl zum Bestäuben

Für den Vorteig das Mehl mit dem Wasser und der fein zerriebenen Hefe zu einem groben Teig verarbeiten und in eine Schüssel legen. Die Schüssel in eine Plastiktüte stecken und den Teig ca. 24 Stunden ruhen lassen.
Den Teig möglichst von Hand zubereiten. Zuerst das Mehl in eine Schüssel geben und die Hefe hineinreiben. Dann den Vorteig, das Wasser, Öl und Salz zugeben und alles gründlich vermengen. Sobald der Teig nicht mehr an der Schüssel klebt, gibt man ihn mit Hilfe einer Teigkarte auf die Arbeitsfläche.
Sie wird nicht mit Mehl bestäubt, sondern man bearbeitet den Teig mit den Händen so lange, bis er sich selbst von der Arbeitsfläche löst und eine seidige Beschaffenheit hat. Dann wird die Arbeitsfläche mit etwas Mehl bestäubt und der Teig zu einem Ball geformt. Der Teigball wird nun in eine leicht geölte

Der Weisertwecken (ein Weißbrot), umgerechnet das Geburtsgewicht (Pfund) des ersten Stammhalters in Metern, wird

Schüssel gelegt. Mit Olivenöl bestrichen und einem Küchenhandtuch bedeckt, ruht er ca. 1½ Stunden.
Tipp für Eilige: Natürlich kann man auch diesen Teig in der Küchenmaschine herstellen, wichtig ist, dass man nicht zu viel Mehl zugibt, das macht die Ciabatta hart.

Nach der Ruhezeit wird der Teig auf leicht bemehlter Arbeitsfläche zu einem Rechteck geformt und in vier gleich große Streifen geteilt. Jeweils ein Ende der Streifen wird zur Mitte eingeschlagen und angedrückt, dann das andere Ende darübergeschlagen und mit dem Handballen festgedrückt. Zum Schluss werden die Streifen noch in der Mitte zusammengeklappt. Sie dürfen jetzt nochmals 30-45 Minuten gehen.
Den Backofen auf ca. 220 Grad vorheizen.

Das Weißbrot leicht mit Mehl bestäuben und auf ein Backblech geben. Um eine Ciabatta-Form zu erzielen, den Teig etwas in die Länge ziehen.
Etwa 15-mal mit der Wasserspritze in den Backofen sprühen, um Dampf zu erzeugen, und dann das Brot einschieben.

Die Brote benötigen ca. 18-20 Minuten Backzeit.

Ciabatta
ist ein ideales Dinkelgebäck, denn sie verlangt eine lange Teigführung. Ebenso die süddeutschen ‚Dinkelseelen': Das sind knusprige längliche Fladen, die mit Salz und Kümmel bestreut werden.

Müllerspruch

Ein zufriedener Müller ist immer der Reichste.

festlich geschmückt von Freunden und Verwandten von der Bäckerei zu den frischgebackenen Eltern gefahren.

Marillenknödel

Zutaten für ca. 15 Knödel:
60 Gramm Butter
1 Prise Salz
Schale von ½ Zitrone, gerieben
1 Ei
1 Dotter
150 Gramm Weizendunst
400 Gramm Topfen – 10 %
15 Marillen – klein
15 Stück Würfelzucker
Mehl zum Bestäuben
250 Gramm Butter
150 Gramm Semmelbrösel
Staubzucker zum Bestreuen

Handwarme Butter mit Salz und Zitronenschale schaumig rühren, Ei und Dotter einrühren. Mehl und Topfen hinzufügen, zu einem glatten Teig kneten. Mit Frischhaltefolie bedecken, 4 Stunden im Kühlschrank ruhen lassen. Marillen waschen, abtrocknen, den Kern mit einem Kochlöffelstiel aus der Frucht drücken. Würfelzucker anstelle des Kerns in die Frucht füllen.

Aus dem Teig auf einer bemehlten Arbeitsfläche eine 5 cm dicke Rolle formen und in Scheiben schneiden. Teigscheiben flachdrücken, Marillen damit umhüllen, mit den Fingerspitzen verschließen. Mit bemehlten Handflächen rotierend Knödel formen.

Salzwasser aufkochen, Knödel einlegen, Topf leicht schütteln. Knödel zum Umdrehen mit dem Kochlöffel zart anstoßen und nach 12 Minuten mit einer dünnen Nadel anstechen: Wenn die Frucht weich ist, Knödel aus dem Wasser heben und gut abtropfen.

Abschließend Butter schmelzen, Brösel darin goldgelb rösten, Knödel in Butterbröseln wälzen, anrichten und mit Staubzucker bestreuen.

Nach demselben Rezept lassen sich auch Zwetschgenknödel herstellen; die Zubereitung bleibt gleich.

Grundrezept für Rührkuchen

300 Gramm Zucker oder Puderzucker
300 Gramm Butter
4 Eier
300 Gramm Weizenmehl 405
3 - 4 Teelöffel Backpulver
1/8 Liter Milch

Kastenform fetten und mehlieren. Bei einer großen runden Gugelhupfform die Masse mit 1,5 multiplizieren.
Zucker und weiche Butter schaumig, fast weiß schlagen, nach und nach die Eier unterrühren. Das Mehl und das Backpulver mischen, auf einen Bogen Zeitung sieben und in die Masse einrieseln lassen. Jetzt die Milch hinzufügen. Anschließend das Ganze in die Form geben und ausbacken. Nach 15 - 20 Minuten einen Schlitz in die Kuchenhaut schneiden und die Temperatur drosseln. Evtl. mit Alufolie abdecken.

Mit dieser Masse kann man verschiedene Kuchen backen. Hier sind ein paar Beispiele:

Zitronenkuchen

Die Schale von 1 - 2 Zitronen und einer halben Limette abreiben (je nach Geschmack) und ins Mehl geben. Natürliches Zitronenaroma in die Zucker-Fett-Masse geben.

Englischer Kuchen

Wie Zitronenkuchen, und je ein Päckchen Zitronat und Orangeat.
Dabei wird das Zitronat-Orangeat etwas mit Mehl bestäubt. Nach dem Einschneiden (nach ca. 15 - 20 Minuten der Backzeit) des Kuchens wird das Gemisch vorsichtig in den Schlitz gegeben.

Nusskuchen

Statt 300 Gramm nur 250 Gramm Mehl und 150 Gramm geröstete, geriebene Nüsse (Mandeln oder Haselnüsse). Zu den Nüssen evtl. je 2 Prisen Zimt, Nelken. Die Nüsse mit den Gewürzen mischen und dann mit dem Mehl mischen.

Gewürzkuchen

Wie Nusskuchen, und 30 Gramm Kakao, Gewürze je nach Geschmack: Nelkenpulver, Zimtpulver, Piment oder gemahlenen Muskat, Ingwer und Zitronenschale.

Schokoladenkuchen

Rum oder Rumaroma in die Zucker-Fett-Masse geben, 30 Gramm Kakao unter das Mehl mischen, mit flüssiger Kuvertüre überziehen (Wasserbad).

Spanischer Vanillekuchen

2 ganze Vanilleschoten auskratzen und 150 Gramm Bitterkuvertüre, in grobe Stückchen geschnitten, unter das Mehl mischen.

Temperatur: 180 Grad
Zeit: 1 Stunde

Müllerspruch:

Ist der Brachmond (Juni) warm und nass, gibt's viel Korn und noch mehr Gras.

Die Getreidesuppe

Das ist die Kornsuppe. Diese kann ich nicht genug empfehlen, und sie gehört zu den allerwohlfeilsten Speisen.
Bei Gelegenheit riet ich Jemandem, er solle in seiner großen Schwäche und bittern Armut sich drei bis vier Pfund Roggen (auch Korn genannt) kaufen und ebensoviel Weizen oder Kern von Dinkel (Spelt genannt).
Sodann möge er beide Getreidesorten möglichst stark auf einer heißen Herdplatte dörren.
Gedörrt wird es deshalb, damit der Magen allen Nährstoff besser herausbringt. Denn er wäre nicht im Stande, alles zu verwerten, hätte das Getreide nicht eine solche Hitze durchgemacht.

Von jeder Getreidegattung dann drei bis vier Löffel voll in einer Kaffeemühle mahlen und in Milch, Wasser oder Fleischbrühe einige Minuten lang sieden. Nun nimmt man Wasser zu dem Mehl, siedet es nach Belieben, und zwar muss dies um so länger geschehen, je dicker man die Suppe haben will. Lässt man das Ganze aber eine halbe Stunde lang in schwachem Sud, so wird die Suppe dick. Siedet sie kürzer, so ist sie noch kerniger.

Die Bartl Mathild mit ihrer Tochter Hilde bei der Haferernte in der Nähe von Obermühl

Gießt man 10 - 12 Tropfen Essig dazu, so ist dies eine sehr angenehme Speise.
Besitzt er Fleischbrühe, so ist die Suppe schon fertig; hat er bloß Wasser, dann tue er etwas Butter oder Schmalz dazu; hat er gar nichts, so ist es auch kein Malheur, er braucht nur ein klein wenig Salz beizugeben.
Dieser befolgte diesen Rat wortgetreu und erhielt nicht bloß eine famose Kraftsuppe, die ihm vorzüglich behagte, sondern er gedieh auch ganz außerordentlich dabei.
Wiederum ein Beweis, wie wohlfeil man leben kann, und wie gerade die einfachste Kost am besten nährt; denn eben diese Suppe enthielt alle Nährstoffe, welche die Bestandteile des Getreides haben.
Möchten doch die armen Leute sich mit einer solchen Suppe begnügen und sich damit beköstigen! Sie würden dadurch am billigsten und am besten genährt, und die Nervosität würde nach und nach verschwinden. Kindern kann diese prächtige Suppe nicht genug empfohlen werden.

Würde man nun an der Table d'Hôte sagen: „Mein lieber Gast! Heute kommt eine ganz seltene Suppe auf die Tafel. Von einer Pflanze, die nur auf der Insel Korsika wächst, hat der Gastgeber Samenkörner kommen lassen“ – dann wäre alles gespannt und würde sagen: „Superbe, ausgezeichnet! Was ist denn das für ein Getreide?“ Wenn es dann noch hieße: „Ja, es ist ein französischer Name“, so würden die Meisten sagen: „Ach wollen Sie uns doch die Adresse verschaffen, dass wir uns auch solches Getreide kommen lassen können!“
Nun aber, da es von unserem Getreide ist, ist es nichts. Sagte man aber: „Ich kann nur kleine Portionen geben, es ist eben so teuer“, dann würde man es doch kaufen, und das nur deshalb, weil es von der Insel Korsika stammt.

nach Pfarrer Kneipp

Die beiden Kornähren

Mit stolz erhabener Stirn und
nicht durch Last gedrückt

sprach einst ein leerer Halm
zu einer vollen Ähre:

Wie kommt es, dass Dein Haupt
so nach dem Boden nickt?

Sogleich versetzte die
dem Brüderchen zur Lehre:

Ich stünde freilich nicht
so tief hinab gebückt,

wenn ich so leer wie Du
in meiner Stirne wäre!

Johann Nikolaus Götz

Dinkel en détail

Der Dinkel vereinigt in nahezu idealer Weise die Vorteile einer vollwertigen Ernährung: Er besitzt Vitamine, Mineralien, Spurenelemente, Vitalstoffe (Eiweiße, Kohlehydrate, Fette) und gespeicherte Sonnenenergie in hoher Konzentration.

Heute kann man die Wirkung des Dinkels dank der fortgeschrittenen Biologie erklären, was zu Zeiten Hildegards noch als Wunder hingenommen werden musste.

Aufgrund seiner hervorragenden Wasserlöslichkeit werden die vitalen Inhaltsstoffe des Dinkels wie flüssige Nahrung vom Körper aufgenommen, das heißt, er muss keine belastende Verdauungsarbeit leisten. Die Inhaltsstoffe werden vom Körper rasch absorbiert und dem gesamten Organismus zur Verfügung gestellt. Dieser wird durch den Dinkel derart mit Vitaminen und Vitalstoffen überschwemmt, dass sich die Gefäße erweitern und eine gute Verdauung einsetzt.

Und wenn einer so krank ist, dass er vor Krankheit nicht essen kann, dann nimm die ganzen Körner des Dinkels und koche sie in Wasser, unter Beigabe von Fett oder Eidotter, so dass man ihn wegen des besseren Geschmackes lieber essen kann, und gib das dem Kranken zu essen, und es heilt ihn innerlich wie eine gute Salbe!

Mein Vater Anton Wagenstaller, der wie alle Müller immer auf der Suche nach Mühlen war, an einer italienischen Ölmühle auf Elba

Regenwürmer

(Rezept von 1910)

750 Gramm Dinkeldunst
2 Eier
75 Gramm Butter
200 Milliliter Milch
Zum Kochen und Garnieren:
1 Liter Milch (oder Sahne)
Salz
Zucker
Zimt

Man gibt 750 Gramm feines Mehl auf das Nudelbrett, ferner zwei ganze Eier, ein Stückchen Butter, etwas Salz und lauwarme Milch und verarbeitet dies alles zu einem ganz feinen Teig. Diesen zugedeckt eine Stunde ruhen lassen.
Dann schneiden wir kleine Stückchen daraus, drehen ganz dünne Würstchen (Würmer) davon und lassen diese eine halbe Stunde auf dem Nudelbrett trocknen. Währenddessen in einer flachen Bratpfanne oder einer Kasserolle 1 Liter Milch oder Rahm mit etwas Butter zum Kochen bringen. Die sogenannten Würmer unter fortwährendem Rühren hineingeben und auskochen lassen, bis die Milch aufgebraucht ist. Dann Butter und Zucker in einer flachen Pfanne erhitzen, die Würmer hineingeben und sie ruhig darin liegen lassen, ohne sie umzuwenden. So bekommen sie am Boden eine schöne gelbe Kruste. Dann mit dem Backschäufelchen aufscharren, auf eine flache Platte legen, mit Zucker und Zimt bestreuen und gleich servieren.

Kernotto

Kernotto ist ein gerollter Dinkel, der zwischen Mühlsteinen von einem Teil seiner Schale befreit worden ist.
Bei Hildegard von Bingen steht dieser Begriff auch für Dinkelreis. Das ist nichts anderes als in Salzwasser gekochter, gequollener Dinkel. Diese ganzen, weich gekochten Dinkelkörner isst man wie Reis. Für gesunde Menschen genügt er als Zuspeise, für Kranke dient Dinkelreis als Grunddiät, als Grundnahrungsmittel.
Die heilsame Wirkung auf den Magen-Darm-Bereich ist enorm. Obstipation löst sich bereits in wenigen Tagen in einen leichten und regelmäßigen Stuhlgang. Eine gute Verdauung wird somit zur Grundlage einer Gesamttherapie.
Allein mit einer Dinkelreiskur lassen sich selbst die schwierigsten Verdauungsprobleme lösen.
Anstelle von Abführmittel, eingeweichten Pflaumen, Leinsamen und ähnlichem gefährlichem Unsinn sollten wir eine Dinkelreiskur machen. 3-4 Wochen täglich einmal eine kleine Schüssel voll Dinkelreis genügen. In schwierigen Fällen essen wir zusätzlich gedörrte Apfelspalten.

Müllerspruch:

Regenschauer am Siebenschläfertag, weder Müller noch Bauer noch Bäcker mag.

Die Kochkiste

Die Koch- oder Heukiste ist schon seit vielen Jahren in Vergessenheit geraten. Sie kam vor allem in Zeiten knappen Heizmaterials zum Einsatz und wurde meist aus Holz hergestellt. Heute verwendet man eher Isolierbehälter aus Styropor. Hier ein Text aus dem Jahr 1912 mit einer ausführlichen „Bastelanleitung":

Wegen der großen Vorteile, die sie der Hausfrau bietet, sind die Haushaltungsschulen bemüht, die Kochkiste überall einzuführen. Das Geheimnis der Kochkiste beruht auf der Lehre von den schlechten Wärmeleitern.
Man nimmt zur Herstellung der Kiste am besten eine kräftige Holzkiste, möglichst ohne Ritzen. Es lässt sich auch ein Korb verwenden, wenn man ihn innen mit einem dicken Tuche oder einem Wachstuche bekleidet.
Nun stellt man den Topf in die Kiste. Der Deckel des Topfes muss gut schließen, am besten Email.
Unter dem Topfe muss eine 8 - 10 cm dicke Lage Heu, Holzwolle, Stroh, Späne oder dergleichen festgedrückt werden. Der Topf wird mitten drauf gestellt und ringsum mit Holzwolle festgestopft.
Wer es anwenden kann, legt einen Wollstoff über die ganze Fläche der Kiste und schneidet den Stoff über dem Topfe sternartig ein. Dann wird der Topf herausgenommen, die Tuchläppchen in die Öffnung geschoben und der Wollstoff rings am Kistenrande

Heuernte anno 1957 auf einer unserer Wiesen oberhalb vom Simssee

unter einem Bande oder einer Leiste befestigt. Der Kistendeckel wird auch 8 cm dick gefüllt und mit Wollstoff bezogen. Wenn der Deckel flach aufliegt, muss das Kissen in der Kiste noch Platz haben. Die Hauptsache ist, dass die Hitze zusammengehalten wird. Man schließt die Kiste möglichst mit einem Schlosse, denn sobald sie geöffnet wird, kocht es im Topf nicht mehr weiter, und der feste Verschluss ist die Hauptsache.

Man kocht nun das, was in der Kiste gar werden soll, auf dem Herd für eine viertel oder halbe Stunde und setzt es in die Kiste. Nach einigen Stunden ist alles gar. 10 Minuten vor dem Einsetzen in die Kiste darf der Deckel nicht mehr geöffnet werden! Denn der Dampf trägt wesentlich zum Gelingen bei.

Man beachte dabei:
Alles was schwer weich wird - Hülsenfrüchte, Vollkornreis, Sauerkraut -, kann schon am Abend angekocht und über Nacht in die Kiste gesteckt werden. Am nächsten Tag nur noch würzen und am Herd kurz aufkochen.

Tipps:
Wer nebenbei Landarbeit hat und ängstlich sein muss, dass das Mittagbrot verbrennen kann, stellt es auch in die Kochkiste. In diesen Fällen kocht man Fleisch und Gemüse 20 - 30 Minuten, legt die Kartoffeln dann darauf und kocht, ohne den Deckel zu heben, noch eine viertel Stunde.

Dann setzt man den Topf bis zur Essenszeit in die Kiste. Bei Suppen verfährt man ebenso. Sonntags brät man den Braten wie gewöhnlich im Topfe an, gießt Wasser hinzu, kocht fest zugedeckt noch 10 Minuten, ehe man den Topf in die Kiste setzt. Und wenn die Hausfrau aus der Kirche kommt, ist der Braten schon fast weich. Sie kann ihn dann, wenn sie will, noch eine halbe Stunde auf dem Herde schmoren lassen.

Zu allen Gerichten gibt man etwas weniger Wasser, da fast nichts einkocht. Hülsenfrüchte weicht man selbstverständlich am Tage vorher ein. Man setzt jedes Gericht so früh wie eben möglich in die Kiste. Längeres Stehen schadet nicht. Der Geschmack der Speisen bleibt vorzüglich, da diese Zubereitung sehr Aroma schonend ist.

Für mich als Brotbäckerin ist diese Kiste ein wunderbarer Reifungsort für den Sauerteig. Dazu eine warme Wärmflasche in die Kochkiste legen, ein Handtuch drauf und den Sauerteig draufstellen. Deckel schließen und erst am nächsten Tag wieder nachschauen. Das ganze dreimal wiederholen, wobei jedesmal der Sauerteig gefüttert werden muss und die Wärmflasche erneut gefüllt.

Vielleicht haben Sie Lust, die ursprüngliche Kochkiste aus natürlichen Materialien selbst herzustellen. Ich würde mich über ein Foto Ihrer Kochkiste und Ihren Erfahrungsbericht freuen!

Müllerrätsel:

Vom Felde kommt's
in die Scheune,
vom Flegel dann
zwischen zwei Steine,
aus dem Wasser
endlich in große Glut,
dem Hungrigen
schmeckt es
allzeit gut.

Brotsalat

1 Ciabatta oder ½ Baguette
Olivenöl, Salz, Pfeffer
3-4 Knoblauchzehen
2 Tomaten
10 Oliven, ½ Glas Kapern
Basilikum

Das Brot in Würfel schneiden und mit Olivenöl in einer Pfanne knusprig anbraten. Nach Geschmack etwas salzen und pfeffern. Zum Schluss die zu Plättchen geschnittenen Knoblauchzehen noch kurz mit anbraten. Das Ganze in eine Schüssel geben. Nun die gewürfelten Tomaten, die Oliven und Kapern hinzufügen und zugedeckt ca. 2 Stunden ziehen lassen. Wer es nicht zu weich möchte, kann die Tomaten auch erst am Schluss hinzufügen.
Zum Anrichten das geschnittene Basilikum darüber streuen und mit Olivenöl beträufeln. Zum Dekorieren kommt noch etwas Balsamico-Essigcreme darüber.

Dieser Brotsalat schmeckt auch sehr gut mit Schwarzbrot.

Grünkernbratlinge

300 Gramm Grünkern, mittelfein geschrotet
¾ Liter pikante Gemüsebrühe
Kräuter der Provence oder eine Handvoll frische Kräuter aus dem Garten
2 dicke Zwiebeln
Butter
50 Gramm Dinkel, fein gemahlen
2 Eier
4 Esslöffel Hefeflocken
4 Esslöffel geriebener Käse
Sojasoße, Paprika, Pfeffer, Kräutersalz
Zwiebackbrösel

Grünkern mit der Brühe und den Kräutern aufkochen und 20 Minuten quellen lassen. Zwiebeln in Butter weich schmoren und mit den anderen Zutaten unter die Grünkernmasse rühren. Mit öligen Händen flache Knödel (Pflanzerl) formen, in Zwiebackbröseln wälzen und in Butter ausbacken.

Variationen:
Grünkernbratlinge mit einer Scheibe Käse übergrillen.
Als Grünkernauflauf: Eigelb und Eischnee verwenden. In eine gefettete Form füllen (evtl. schichtweise mit geschmorten Zwiebeln und Tomatenscheiben) und bei 175 Grad ca. ½ Stunde backen. Mit Tomatensoße anrichten.

Den Grünkernbratlingteig kann man schon morgens vorbereiten, um ihn mittags auszubacken.

Grießknödelsuppe

50 Gramm weiche Butter
2 Eier
5 Esslöffel Grieß
Salz
2 Esslöffel Sauerrahm
Butterschmalz zum Backen
1 Liter klare Fleischbrühe
Pfeffer
1 Bund Schnittlauch

Die Butter sehr flaumig rühren. Eier, Grieß, Salz und Sauerrahm hinzufügen und weiterrühren.
Ca. 20 Minuten ruhen lassen. Kleine Knödel formen. Das Fett erhitzen, die Knödel hineingeben und nacheinander goldgelb backen. Die Fleischbrühe erhitzen, die Knödel dazugeben und aufkochen. Abschmecken und mit Schnittlauchröllchen bestreuen.

Müllerspruch:

Kein Müller hat Wasser, kein Schäfer Weide genug.

Spreusiebe, um die „Spreu vom Weizen" zu trennen

Mit Bernd Trum auf der Showbühne der Grünen Woche

Die erste deutsche Heilkundige

Der sehenswerte Jahreszeitengarten nach Hildegard von Bingen auf der Fraueninsel im Chiemsee

Körper, Geist und Seele bestimmen unsere Gesundheit. Hildegard von Bingen schaute den Mensch von innen und nicht von außen. Auch die Hinwendung zu Gott spielte in der Hildegard-Heilkunde eine wichtige Rolle.
Diese Kombination aus Religion und Naturheilkunde war zur damaligen Zeit einzigartig und veränderte auf vielen Gebieten das wissenschaftliche Weltbild.

Für das Wohlbefinden und zur Vorbeugung von Krankheiten lehrte Hildegard von Bingen einen einfachen, nicht überfrachteten, bewussten Lebensstil, eine einfache Küche und den Einsatz naturheilkundlicher Produkte.

Das einmalige Zusammenspiel dieser Faktoren machte das Thema auch heute aktuell, da viele Menschen die Ausgewogenheit von Körper, Geist und Seele suchen.

Hildegard von Bingen sah bei Krankheiten oft einen geistig-seelischen Ursprung und empfahl eine Lebensführung, die Rücksicht auf die „Flüsse der Natur" nimmt.

Der Mensch soll sein körperliches und seelisches Heil – also Gesundheit und Wohlbefinden – selbstverantwortlich ordnen und mitgestalten.

Wunderdroge Galgant

Ein weiteres Universalmittel in der Hildegard-Küche ist Galgantwurzelpulver. Auch heute noch spielt in der arabischen, persischen und chinesischen Kultur sowie in der Ayurveda-Medizin die Galgantwurzel, aufgrund ihres scharfaromatischen Geschmacks, eine große Rolle.

1 - 3 Messerspitzen Galgantpulver, ins Essen gestreut, verleiht besonders Fleischgerichten eine angenehme, prickelnd scharfe Würze. Aber auch in Rezepten für Suppen, Backwaren und Süßspeisen wird Galgantpulver verwendet. Laut Hildegard sorgt Galgant durch seine Schärfe bei Erschöpfung und Schwäche für Vitalisierung und Erfrischung.

Galgant für das Herz

Die Stammpflanze führt den Namen Alpina Galanga und gehört zu den Ingwergewächsen (Zingiberacea). Um es gleich vorwegzunehmen: Ja nicht mit Ingwer verwechseln! Ingwer gilt nach Hildegard im allgemeinen als ein schädliches Gewürz. Ganz anders unser Galgant. In mindestens 10 Medikamenten Hildegards findet er sich als ein herzwirksamer Bestandteil. Das Erstaunliche dabei ist nur, dass die offizielle Medizin überhaupt keine Ahnung hat, welche Heilkraft gegen Herzbeschwerden in Galgant steckt. Die Angaben Hildegards sind denkbar einfach:

„Wer im Herzen Schmerzen empfindet, esse sogleich eine hinreichende Menge Galgant, und es wird besser."

Galgant gegen Rückenschmerzen

„Wem Rücken oder Weichen durch Unsäfte schmerzen, walle Galgant in Wein und trinke ihn oft warm, und der Schmerz weicht." (H.v.B.)

Galgant ist durchaus warm.
In ihm ist keine Kälte, sondern Kraft.

Galgantwein als Grippemittel

¼ Liter Wein aufkochen und 1 Messerspitze Galgant (Pulver) einsträuen. Heiß trinken. Sehr gut zum Schwitzen.

Galgantgulasch

Wenn Sie Galgantpulver statt Pfeffer in das Gulasch geben, bekommt die Speise eine bekömmliche Schärfe und wird dadurch gesünder. Es bleibt auch die Müdigkeit nach dem Essen aus.

Wenn es ein Lebenselixier, einen „Lebensverlängerer" gibt, muss er Galgant enthalten. Wir kluge Hausfrauen werden Galgant als Gewürz wohl zu nützen wissen.

Galgant unterwegs

(Galgant-Tabletten nach Bedarf zerkauen – maximal 10 Stück am Tag):

- Bei Übelkeit während des Seilbahnfahrens, beim Fliegen oder bei Busfahrten
- Wenn Unrechtes gegessen wurde
- Wenn viel geredet oder gelaufen werden muss
- Gegen Höhenempfindlichkeit beim Berggehen
- Für den Stuhlgang
- Akut fürs Herz
- Bei Schwindel
- Gegen Koliken
- Gegen Viruserkrankungen
- Bei Gürtelrose

Galgant zündet ein Feuer im Körper und bringt ihn wieder auf Touren.

Müllerspruch

Mag der Edelstein
auch strahlen,
doch der Mühlstein,
der kann mahlen.

Nervenkekse

nach Hl. Hildegard von Bingen

1.250 Gramm Dinkelmehl 630
500 Gramm Butter
300-400 Gramm Rohrzucker
400 Gramm gemahlene Mandeln
4 Eidotter
2 ganze Eier
75 Gramm Nervenkeksmischung
½ Teelöffel Salz
bis zu 300 Milliliter Wasser nach Bedarf
nach Belieben kann auch noch etwas Galgant dazugegeben werden

Aus allen Zutaten einen geschmeidigen Teig kneten. Zu Rollen formen, diese 12 Stunden kalt stellen. Nun von diesen Rollen Scheiben in gleicher Stärke abschneiden und auf ein mit Backfolie gelegtes Blech legen.
Bei Mittelhitze 20 bis 25 Minuten backen.

Kinder bekommen täglich 3 Stück, Erwachsene dürfen bis zu 7 Kekse genießen.

Dinkel macht jedem, der ihn isst, ein frohes Gemüt, gutes Fleisch und steigert die Leistungsfähigkeit. Dinkel ist das beste Getreidekorn.

Die Gesundheit beruht vor allen Dingen auf einem guten Zusammenspiel aller 5 Sinnesorgane: den Augen, einem guten Gehör, einem feinen Geruchs- und Geschmackssinn sowie einem guten Tastsinn. Nervenkekse haben den Vorteil, dass sie alle 5 Sinnesorgane stärken und deren Alterung verhindern. Sie schaffen ein fröhliches Gemüt, einen starken Mut und stärken die Nerven; sie beseitigen im Menschen alle Bitternis.

Esse täglich einige Mandeln (10 Stück), das bringt dem Gehirn Gesundheit und Dir eine gesunde Gesichtsfarbe.

Lebenselixier

Zitronen-Knoblauch-Trunk beseitigt Übersäuerung und Verkalkung

30 Knoblauchzehen
3 Zitronen (ausgereift/unbehandelt)
1 Liter Wasser

30 geschälte Knoblauchzehen werden mit 3 ausgereiften, unbehandelten Zitronen (mit der Schale in Streifen schneiden) durch den ‚Wolf' getrieben (oder Mixer). Darauf wird das Ganze mit einem Liter Wasser langsam zum Kochen gebracht (einmal aufwallen lassen). Nach dem Erkalten abseihen und den Saft in eine Flasche füllen. Täglich trinke man von dieser Volksmedizin ein Likörgläschen, zwei Stunden vor oder nach der Hauptmahlzeit (bei Magenproblemen etwas weniger nehmen).
Bereits drei Wochen täglichen Genusses dieser Knoblauch-Medizin führen zu einer jugendlich-wohligen Regeneration des ganzen Organismus, Verkalkungen und deren Nebenerscheinungen gehen zurück und beginnen ganz zu verschwinden.
Der ‚Graue Star' zum Beispiel ist eine Steinbildung hinter den Augen, also Verkalkung, auch abnehmendes Hörvermögen und Schwerhörigkeit gehören dazu.
Sind die drei Wochen verflossen, mache man eine Pause von 8 Tagen. Dann beginnt man mit der zweiten Kur. Sie ist in der Regel von durchschlagendem Erfolg begleitet.

Am zweckmäßigsten führt man diese Heilkur, die unvergleichlich billig, aber sehr wirksam ist, jedes Jahr einmal in zwei Kuren von je drei Wochen durch. Die Wirkungskräfte des Knoblauchs kommen dabei restlos zur Geltung, und kein Mensch verspürt etwas von dem unangenehmen Duft.

Auch gegen den katastrophalen Gebissverfall, die Parodontose, hat sich das Knoblauchelixier bestens bewährt.

Müllerspruch

Mühlen haben steten Frieden!

Achtung: Kreuzallergie

Allergisch gegen Birken-, Erlen- und Haselnusspollen?

Dann haben wir vielleicht auch Probleme mit Nüssen, Erdbeeren, Kernobst (wie Äpfel und Birnen), Steinobst (wie Pfirsiche, Kirschen, Pflaumen, Aprikosen), Kartoffeln, Karotten, Sellerie und exotischen Früchten.

Allergisch gegen Gräserpollen?

Dann sollten wir aufpassen bei Nachtschattengewächsen wie Kartoffeln oder Tomaten, Hülsenfrüchten (auch Erdnuss und Soja) und Getreide (Roggen- und Weizenmehl).

Allergisch gegen Beifußpollen?

Manche Menschen reagieren dann auch allergisch auf Sellerie und Karotte, Gewürze wie Anis, Dill, Kümmel, Paprika, Pfeffer, Petersilie und Senf.

Alle Früchte, aber auch Rote Rüben, hemmen das Wachstum von Bakterien und Herpesviren. Sie sind abwehrsteigernd. Wer jedoch zu Hautunreinheiten und roten Backen neigt, sollte sie, aber auch Camembert, reduzieren. So hat auf unserer Welt alles ein Für und Wider.

Nach Hildegard von Bingen sollte man wegen unerwünschter Nebenwirkungen meiden:
Erdbeeren, Lauch, Ingwer, Pflaumen, Aal, Blaubeeren, Enten und Gänse, Gartenkresse, Gurken, Pfirsich, Rhabarber, Schweinefleisch und Zichorie.

Wenn juckende **Mückenstiche** plagen: mit dem Föhn, so heiß und lange man es verträgt, auf die Juckstelle blasen.

Hahnenkampf: Wer ist der „Moar"?

Wipferlhonig

500 g Fichtenwipferl
1 Liter Wasser
1 Kilogramm Zucker

Im Frühjahr wird der frische, hellgrüne Austrieb der Fichten gepflückt, kalt abgespült und 1 Stunde in 1 Liter Wasser gekocht. Wie den Löwenzahnhonig (siehe unten) über Nacht stehen lassen, dann den geseihten Sud mit Zucker einkochen. Der Fichtenhonig oder Sprenglingsaft wird auch auf Brot gegessen, zum Süßen von Tees und als Hustensaft genommen.

Die Fichtenwipferl kann man auch mit Löwenzahn mischen.
Dazu 200 Gramm Löwenzahnblütenköpfe und 3 Handvoll Fichtenwipferl auf 2 Kilogramm Zucker verarbeiten.

Löwenzahnhonig

Mengenverhältnis:
500 Gramm Löwenzahnblüten (ohne den grünen Fruchtkelch) auf 1 Liter Wasser und 1 Kilogramm Zucker

Im Frühjahr die aufgeblühten Blütenköpfe pflücken, kalt waschen und in 1 Liter Wasser 1 Stunde kochen. Über Nacht stehen lassen, am nächsten Tag den Sud durch ein Tuch seihen und mit dem Zucker einkochen, bis er, erkaltet, dickflüssig ist.
Der Löwenzahnhonig wird wie Bienenhonig aufs Butterbrot gestrichen und hat auch einen ähnlichen Geschmack. Löwenzahn ist sehr gut für die Gallentätigkeit. Das Gute am Löwenzahn ist, dass er den ganzen Sommer über blüht und geerntet werden kann.

Die jungen Fichtensprossen werden seit altersher auch bei rheumatischen Beschwerden und Erschöpfungszuständen als Badezusatz verwendet.

Bachblüten aus Tautropfen

Wir können unsere Bachblüten selbst sammeln, indem wir mit einer Pipette die Tautropfen auf den für uns wichtigen Pflanzen auffangen und sie dann zu gleichen Teilen mit Weinbrand oder 70 %igem Alkohol ansetzen.

Müllerspruch

Mancher kann nichts liegen lassen als glühendes Eisen und Mühlsteine.

Wer aber gesund sein will,
soll nach von Natur warmen Speisen
von Natur kalte und
nach von Natur kalten
von Natur warme genießen,
nach natürlich trockenen von Natur feuchte
und nach von Natur feuchten
ebensolche trockenen, gekocht oder
nicht gekocht, die ihrer Natur nach
entweder warm oder kalt sind,
damit sie so gut gegeneinander abgestimmt
werden.

Hollerbusch

(Sambucus nigra)

Vor ihm sollte jeder den Hut ziehen. Immerhin wohnt der Legende nach die keltische Göttin Hulda in ihm und schützt das Haus und das Vieh. Man pflanzte ihn früher häufig in die Nähe von Haus und Stall, um ihn immer griffbereit zu haben.

Zudem reinigen seine Blätter das Blut, seine Blüten senken das Fieber, seine Rinde entwässert und seine dunklen Beeren schmecken unsagbar gut.
Holunder gehört zu den ältesten noch existierenden Pflanzen dieser Erde. Er wurde schon in 60 Millionen Jahre alter Braunkohle als fossile Reste gefunden.
Holunder ist reich an Vitamin A, B, C, Kalzium, Magnesium und Kalium, wobei der hohe Gehalt an Kalium und Vitamin C hervorzuheben ist.

Holundernektar eignet sich auch besonders zum Mixen mit diversen alkoholischen und nichtalkoholischen Getränken.

Holundersirup

Wenn Sie im Frühsommer über die Wiesen spazieren, finden Sie garantiert blühenden Holunder. Lassen Sie seine duftenden Blüten nicht links liegen, man kann wunderbaren Sirup daraus machen, der blumiges Aroma in Fruchtgelees, Kuchen, Obstsalate und Prosecco zaubert.

Dazu 1 Kilogramm Zucker und 25 Gramm Zitronensäure in 500 Milliliter Wasser köcheln, bis der Zucker gelöst ist. Etwas abkühlen lassen.
15 Holunderblüten kalt abspülen und abtropfen lassen. Eine unbehandelte Zitrone in Scheiben schneiden. Mit den Blüten in den lauwarmen Sirup geben. Zugedeckt 48 Stunden ziehen lassen und zwischendurch umrühren. Durch ein Mulltuch gießen, in saubere Flaschen füllen und gut verschließen.
Kühl und dunkel gelagert, hält sich der Holunderblütensirup etwa ein Jahr.
Die Blüten, in Pfannkuchenteig (S. 31) getaucht und in heißem Fett gebacken, sind eine köstliche Speise.

Holunderlikör

½ Liter Holundernektar aus der Beere, 1 Gewürznelke und etwas Stangenzimt erhitzen und 10-20 Minuten kochen.
250 Gramm Zucker in eine Schüssel geben und mit dem kochenden Holundersaft übergießen. Mehrmals umrühren und einige Stunden stehen lassen.
Durch ein Tuch filtern, nochmals aufkochen. Zu dem noch warmen Saft ¼ Liter Weingeist (96 %ig) geben.
In Flaschen füllen, verkorken und mindestens ½ Jahr an einem dunklen Ort stehen lassen, um den richtigen Likörgeschmack zu erhalten.

Holundergelee

¾ Liter Holundernektar, Saft von 2 Zitronen und 1 Kilogramm Gelierzucker kalt vermischen, zum Kochen bringen und 4 Minuten sprudelnd kochen lassen.
In Gläser füllen. Manchmal geliert Holunder schwer. Deshalb die Saftmenge genau einhalten und die Kochzeit keinesfalls unterschreiten.

Holunderbeerenwein

8 Liter Wasser mit 15 Nelken, 3 Zimtstangen, gut 1 Kilogramm Zucker, ¼ Liter Weinessig kurz aufkochen, dann 3 Liter Holunderbeeren zugeben und ¼ Stunde kochen.
3 Tage kühl stellen, abseihen und in Flaschen füllen. ½ Stunde auf 60 Grad einwecken.

Holunder-Milch-Mix

⅛ Liter Holundernektar, 2-3 Esslöffel Zucker, 1 Prise Zimt und 1 Prise Nelkenpulver kurz aufkochen und etwa 3 Minuten zugedeckt ziehen lassen. Abkühlen lassen und ½ Liter kalte Milch zugießen. Schnell verrühren. 1 Teelöffel Zitronensaft langsam unterziehen, in Gläser füllen, kühl servieren.

Müllerspruch

Viel Körnlein machen einen Sack voll.

Auch unterm Jahr und allen Tagen sollten wir „Vergelts Gott" sagen.

Atmung

Wir sind alle „Flachatmer".
Wir sollten uns einmal am Tag an die frische Luft begeben und dreimal kräftig einatmen, bis in die Lungenspitzen anhalten und ausatmen. Das stärkt.

Der Chiemgau ist eine vom Bauern über viele Generationen hinweg gestaltete Naturlandschaft. Eine einladende Erlebnisregion zwischen majestätischen Bergen und Seen.

Die goldene Mühle

Foto: Ralf Gamböck

In einem schönen Wiesental klappert lustig eine Mühle. Vor vielen Jahren lebten dort ein Müller und eine Müllerin, die keine Kinder hatten. Weil die Frau keine Kinder liebhaben konnte, hing sie ihr Herz an die Goldstücke, die ihr Mann verdiente. Kein Armer bekam mehr ein Stück Brot. Der Müller war ein guter Mann, er gab den Witwen und Armen ein größeres Maß Mehl. Bald kamen alle, die Not litten, nur noch zu dem Müller in die Mühle.

Eines Tages musste der Müller in die Stadt. Er sagte zu seiner Frau: „Ich habe so viel Korn in die Mühle geschüttet, dass sie bis zum Abend arbeiten muss. Ich will mich eilen, dass ich bald zurück bin.“ - Gerade an diesem Tag kam eine arme Witwe zur Mühle, um sich bis zur nächsten Ernte Mehl zu leihen. Die Müllerin sagte: „Wir können deine Kinder nicht ernähren.“ Da bat die Frau um ein Brot, damit ihre Kinder heute nicht hungern müssten. Auch das gab ihr die Müllerin nicht.

Das Mühlrad, das so lustig geklappert hatte, stand plötzlich still. Die Müllerin dachte, die goldenen Taler sind heute schneller verdient. Als der Müller über den Berg kam, wunderte er sich, dass die Mühle stille stand. Im Mahlkasten lagen noch die goldenen Körner, aber sie waren zu Stein geworden. Er rief: „Frau, wem hast du heute kein Brot gegeben?“ Die Frau aber hatte ein Brot in der Hand. Das Messer, mit dem sie die Scheiben schneiden wollte, war voller Blut. Auch das Brot war zu Stein geworden. Unter Tränen sagte die Frau: „Ich habe der armen Witwe kein Brot gegeben.“ Sie nahm das Brot und lief zum Haus der Witwe. „Schwester, Schwester, mach auf und verzeih mir! Deine Kinder sollen fortan auch meine Kinder sein.“ Da wurde das Brot in ihrem Arm wieder weich, und die Müllerin wusste, dass Gott ihr verziehen hatte. Die Witwe und die Kinder zogen in die Mühle. Fortan klapperte das Mühlrad noch fleißiger als bisher. Das Mehl aber, das die Mühle mahlte, war besonders gelb und golden, und so hieß die Mühle bald landauf, landab die goldene Mühle.

Sauerkrautfladen

1 Kilogramm Weizenmehl 550
50 Gramm Hefe
1 Teelöffel Zucker
½ Liter lauwarme Milch
125 Gramm Butter
2 Eier
2 Esslöffel Zucker
1 Teelöffel Salz
1 Esslöffel Butter
3 Zwiebeln
1 Kilogramm Sauerkraut

Das Mehl in eine Schüssel geben und eine Mulde hineindrücken. Hefe in die Mulde bröckeln. Die Hefe mit dem Zucker, etwas lauwarmer Milch und etwas Mehl zu einem Vorteig verrühren. Die Schüssel mit einem feuchten Tuch abdecken. Den Vorteig 20 - 30 Minuten gehen lassen. Die restliche lauwarme Milch, Butter, Zucker und Salz zugeben und alles zu einem glatten Teig verarbeiten. Diesen schlagen, bis er glänzt.

Zwiebeln fein schneiden und in der Butter andünsten. Zerpflücktes Sauerkraut zugeben, etwa 10 Minuten schmoren und anschließend abkühlen lassen. Den Teig halbieren. Die Hälfte auf einem gefetteten Backblech ausrollen. Die Ränder hochziehen. Das abgekühlte Sauerkraut gleichmäßig darauf verteilen. Die andere Teighälfte auf einer bemehlten Fläche ausrollen und über das Sauerkraut legen. (Wie bei einem gedeckten Apfelkuchen.) Die Ränder andrücken. Mit einem großen Küchentuch abdecken und bei Zimmertemperatur 20 - 25 °C etwa 30 Minuten gehen lassen.
In der Zwischenzeit den Ofen auf 200 Grad vorheizen. Nun den Sauerkrautfladen auf der mittleren Schiene bei 200 Grad 25 - 30 Minuten backen.

Sauerkraut ist ein wahrer Gesundheitsbrunnen, es hat einen hohen Eisen- und Kalziumgehalt, jede Menge Milchsäure und die Vitamine B und C.

Platz aus Hessen

Hier ein Rezept, das in Hessen beim Brotbacken gegessen wird: Man schiebt es vor dem Brot in den Ofen, der ja dann am heißesten ist. Es braucht gar nicht lange und schmeckt wie zu Omas Zeiten!
Für ein großes Blech (60 x 60 cm) brauchen wir:
1 Kilogramm Brotteig (Sauerteigbrot)
750 Gramm gekochte und geriebene Kartoffeln (ohne Schale)
1 Kilogramm Magerquark
3 Eier
¼ Liter Sonnenblumenöl
2 Becher saure Sahne
etwas Salz und 1 - 2 Esslöffel Mehl
6 große säuerliche Äpfel
150 Gramm Zucker
100 Gramm Mohn
Den Brotteig auf dem Blech ausrollen wie bei einem Blechkuchen.
Alle Zutaten in einer Schüssel gut miteinander verrühren und auf den ausgerollten Brotteig streichen.
Die Äpfel schälen, in Spalten schneiden und auf die Masse legen. Mit dem Zucker bestreuen und ganzen Mohn darauf streuen.
Das Ganze in den Backofen schieben und backen, bis der Brotteig fertig ist.
Man kann anstelle von Äpfeln, Zucker und Mohn auch Speck und Zwiebeln verwenden. Schmeckt beides wunderbar.

Müllerspruch:

Welche Mühle hat kein Wehr?
(Windmühle)

Die Mühlkoppe

Die Koppe bewohnt sehr saubere, rasch fließende Bäche und kleinere Flüsse mit steinigem Grund, aber auch sommerkühle, sauerstoffreiche Seen. In den Bächen der Forellenregion trifft man sie in einer Höhe von bis zu 2.000 m über dem Meeresspiegel an. Sie ist ein Grundfisch, der sich tagsüber zwischen Steinen und Wasserpflanzen verbirgt. Da die Mühlkoppe ein schlechter Schwimmer ist und zudem keine Schwimmblase besitzt, bewegt sie sich mit gespreizten Brustflossen ruckartig über den Boden. Mit ihrem großen Kopf und ihrem breiten Maul wirkt sie, trotz ihrer geringen Größe von 10 bis 15 cm, recht imposant.
Die Mühlkoppe ist sehr empfindlich gegenüber Verunreinigungen und kann deshalb als Bioindikator für die ökologische Qualität eines Gewässers angesehen werden.

Beim Fischen mit der Hand bin ich als kleines Mädchen mit meinem Nachbarsjungen auf so manche Koppe gestoßen und gezwickt worden. Muscheln haben wir damals noch aufgebrochen und nach Perlen gesucht. Heute findet man nicht einmal mehr Muscheln, geschweige denn Perlen.

Die Mühlkoppe – der Fisch des Jahres 2006

Wie zu allen Mühlen gehörte auch bei uns bis 1989 eine kleine Landwirtschaft dazu.

Milch

O da ist so ein Magenpflästerlein ausgezeichnet! Sie sollen alle Tage dreimal, aber noch besser alle Stunden einen Kaffeelöffel voll Topfenkäse nehmen. Er hat so im Magen eine außerordentliche Wirkung, da die Säure, die im Käse ist, gerade alles Faule wegbringt.

Pfarrer Kneipp

Ferner ist der Topfenkäse ein Heilmittel bei krankem Magen. Magengeschwüre sind die Vorboten zum Magenkrebs oder, wie man auch sagt, zu Magenverhärtungen. Die Magengeschwüre haben, sollen den Topfenkäse fleißig essen, ebenso, wer entzündeten Magen hat, der erhitzt ist.
Ein gutes Mittel für unsere Gesundheit ist Topfen mit Leinöl und die Hildegard-Spezialmischung dazu. Egal, wann am Tag, drei Esslöffel davon, und wir fühlen uns wohl. Die Hildegardmischung ist auch sehr gut geeignet gegen Sodbrennen. Dazu einen Esslöffel pur zerkauen.

Die zur Landwirtschaft gehörenden „Tiere“ haben sich im Laufe der Zeit ein wenig verändert.

Apfelkiache

5-6 große, säuerliche Äpfel
3 Esslöffel Zucker
2 Esslöffel Rum
200 Gramm Dinkelmehl 630
1 Prise Salz
¼ Liter dunkles Bier oder Weißwein oder Milch
2 Eier getrennt
2 Teelöffel Öl
Fett
Zucker und Zimt zum Bestreuen

Äpfel schälen, Blüte und Stiel entfernen, Kernhaus ausstechen, 1 cm dicke Ringe schneiden, mit Zucker bestreuen und mit Rum beträufeln, zugedeckt durchziehen lassen.
Gesiebtes Mehl mit 1 Prise Salz mischen, mit Bier, Weißwein oder Milch zu dickflüssigem Teig rühren wie Pfannkuchenteig. Eigelb und Öl unterrühren, zuletzt steifen Eischnee unterziehen.
Die Apfelringe einzeln im Backteig wenden und schwimmend in heißem Fett oder in einer Stielpfanne gelbbraun backen, kurz abtropfen lassen. Anschließend noch heiß mit Zimt und Zucker bestreuen.

Brennnesselkiachl

Aus dem gleichen Teig, ohne Zucker und Rum, werden Brennnesselkiachl, Hollerkiachl oder Salbeikiachl, „Solfeikiachl", bereitet. Schöne junge Blätter oder Triebspitzen von Brennnesseln und Salbei in den Backteig tauchen und im „tiafn Schmalz" ausbacken. Reste vom ungezuckerten Backteig träufelt man ins heiße Fett und bäckt „Groiggen". Man verwendet sie wie Backerbsen als Suppeneinlage.

Lob dem Apfel

Eines musst Du Dir gut merken …

Wenn Du schwach bist: Äpfel stärken.
Äpfel sind die beste Speise,
für zu Hause, für die Reise.
Äpfel glätten Deine Stirn,
bringen Phosphor ins Gehirn.
Äpfel geben Kraft und Mut
und erneuern Dir Dein Blut.
Auch vom Most, sofern Dich durstet,
wirst Du fröhlich, wirst Du lustig.
Für die Alten, für die Kinder,
Für den Sommer, für den Winter,
Für den Morgen, für den Abend,
Äpfel essen, ist stets labend!
Äpfel essen, wirst nicht dick,
doch jung und schön und kriegst
Nerven wie ein Strick.
Mensch, im Apfel liegt Dein Glück!

An Annelie viel Gesundheit
Deine Mami

Apfelstrudel

500 Gramm Dinkeldunst
2 Eier
1 Prise Salz
2 Esslöffel Öl
¼ Liter lauwarmes Wasser

Aus Dunst, Eiern, Salz, Öl und dem Wasser einen glatten, zähen Teig mit einem großen Kochlöffel schlagen und ihn mit der Hand so lange bearbeiten, bis er glänzt. Den Teig nun vierteln und ihn auf etwas Mehl setzen. Anschließend mit Frischhaltefolie abdecken, damit er nicht austrocknet. So darf der Teig nun eine Stunde ruhen.

Für die Füllung verwenden wir drei Suppenteller fein geschnittene Äpfel, 80 Gramm Weinbeeren, 1 Teelöffel Zimt, 150 Gramm Zucker, 300 Gramm zerlassene Butter, 80 Gramm zerhackte Walnüsse, 150 Gramm Semmelbrösel.

Die Semmelbrösel in der Butter goldbraun braten. Die Apfelscheiben mit dem Zimt, dem Zucker und den heiß gewaschenen Weinbeeren mischen. Jetzt ziehen wir den Teig nach nebenstehender Anleitung aus.

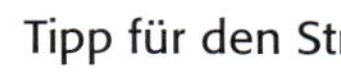

Tipp für den Strudelteig

Das richtige „Ausziehen" ist wichtig. Man zieht folgendermaßen aus: Mit den bemehlten, verkehrt gehaltenen Händen fährt man unter den Teig und zieht mit Gefühl, von unten, nach allen Seiten aus, bis er papierdünn ist.

Das Teigblatt mit dem Öl und etwas Sauerrahm bestreichen, die Semmelbrösel, die Apfelmischung und die gehackten Nüsse darauf schön verteilen. Die Ränder links und rechts werden etwas eingeschlagen, und der Strudel wird mit dem Tuch zusammengerollt. Man fasst das Tuch an 2 Enden an und kollert so den Strudel, von sich weg, zusammen. Vorsichtig legt man ihn auf ein gefettetes Blech oder in eine Pfanne mit Milch und geschmolzener Butter. Oben kann der Strudel noch mit Butter bestrichen werden.

1 Stunde muss er im heißen Rohr backen. Er wird, noch warm, mit Zucker bestreut.

Am besten wird ein Apfelstrudel mit den ersten Äpfeln – bei uns 'Jackerläpfel' (ein sehr weicher Apfel). Zu dieser Zeit nehme ich mir einen Tag frei und bereite auf Vorrat für den ganzen Winter meine Strudel.

Ein Tipp zum Einfrieren:
Nicht in Alu-Folie wickeln, sondern in Frischhaltefolie, da sich diese besser vom gefrorenen Strudel lösen lässt.

In einer Emailform schmeckt der Strudel am besten.

Müllerspruch

Ohne Staub
geht keiner
aus der Mühle.

Dampfnudeln

750 Gramm Weizenmehl 405
¼ Liter Milch
1 ½ Würfel Hefe
35 Gramm Butter
¼ Liter Milch
2 Eier
Prise Salz

Für die Pfanne:
1 Becher Sahne, 100 Gramm Butter, etwas Zucker und evtl. Äpfel

In eine Schüssel siebt man das zimmerwarme Mehl und drückt in die Mitte eine Mulde, gießt die lauwarme Milch hinein und bröselt die Hefe ein. Dies verrühren wir zu einem weichen Brei (Dampferl).
Dann lässt man 35 Gramm Butter in ¼ Liter Milch zergehen. Ist es lauwarm, gießt man es ans Mahl. Schlägt zwei ganze Eier nebst etwas Salz daran, schlägt den Teig mit dem Kochlöffel ganz fein ab und lässt ihn für etwa eine Stunde gehen.
Alsdann setzt man auf ein mit Mehl bestaubtes Brett mit dem Löffel gleich große Nudeln, welche man mit einem Tuch oder einer Folie abgedeckt und abermals eine halbe Stunde gehen lässt.
In eine Pfanne (nicht beschichtet!) gießt man fingergliedhoch Sahne, gibt 100 Gramm Butter oder Butterschmalz und ein klein wenig Zucker hinzu, lässt dies leicht aufkochen, setzt die Nudeln aneinander hinein und verschließt sie mit einem Deckel. Wenn der Deckel nicht richtig sitzt, kann man auch um den Rand ein feuchtes Tuch legen, so dass kein Dampf heraus kann.
Die Nudeln lässt man so lange kochen, bis sie anfangen zu prasseln (ungefähr 20 - 30 Minuten bei mäßiger Hitze - sonst brennen sie an!).
Während sie zugedeckt kochen, ist es gut, wenn man den Topf hier und da ein wenig dreht, damit er von allen Seiten gleichmäßig erhitzt wird, dies gilt vor allem auf dem Holzfeuer.
Die Dampfnudeln dürfen erst abgedeckt werden, wenn sie fertig sind. Nachdem man sie mit dem Backschäufelchen herausgenommen hat, werden sie, mit der Kruste nach oben, auf eine Platte gelegt. Noch heiß servieren, am besten mit selbst gemachter Vanillesoße.

Mein Tipp: Ich gebe in die Pfanne zur Sahne immer dünne Apfelspeitel, am besten von Boskop oder anderen säuerlichen Äpfeln.

Johannisbeerlikör

Schwarze Johannisbeeren in den Dampfentsafter geben.

Auf 4 Liter Saft, der abgekühlt sein sollte, ½ Liter Weingeist (98 %ig) und 1 Päckchen Vanillezucker geben.
Am besten gleich probieren und nach Belieben Zucker hinzugeben, denn die Johannisbeeren sind nicht immer gleich süß. Aber bitte aufpassen: Der Likör sollte sehr fruchtig schmecken und nicht nur nach Zucker!

Anstelle von Weingeist eignet sich auch ein neutraler, hochprozentiger Schnaps (mindestens 50 %ig). Dann brauchen Sie allerdings etwas mehr.

Windküchlein

¼ Liter Sahne
70 Gramm Butter
125 Gramm Weizenmehl 405
4 Eigelb
3 Eier
Salz
etwas grober Rohrohrzucker

Die Sahne wird mit der Butter zum Köcheln gebracht. Nun gibt man das gesiebte Mehl hinzu und rührt so lange, bis der Teig recht fein ist.
Dann gibt man ihn in eine Schüssel, rührt noch ein paar mal um und wartet, bis er ganz kalt ist.
Nach gänzlichem Erkalten rührt man das Eigelb, die ganzen Eier und eine Prise Salz hinzu.

Wir streichen ein Blech leicht mit Butter ein und bestreuen es dünn mit Mehl.
Auf dieses setzen wir mit dem Kaffeelöffel kleine Häuflein unseres Teiges und bestreuen diese mit grobem Rohrohrzucker. Auf mittlerer Schiene backen wir die Windküchlein nun bei mäßiger Hitze, bis sie sich leicht bräunen.
Das Rohr darf nicht oft geöffnet werden!

Nach Belieben können wir die Windküchlein noch füllen: dazu auseinander schneiden und mit etwas Marmelade sowie gesüßter und mit Vanille abgeschmeckter geschlagener Sahne füllen.

Müllerspruch

Weht der Wind
dann dreht es sich,
mahlt das Korn
zu Mehl für dich.
(Windmühle)

Über viele Jahre eine sinnvolle Kombination aus Kornlagerung im Getreidekasten und Mühle für den Bergbauern

So hing der Einlauftrichter mit dem Rüttelschuh über 100 Jahre in der Steiermark.

Der steirische Schrotgang

Vor 5 Jahren wurde mir eine kleine Bauernmühle zum Kauf angeboten. Ihr Baujahr war datiert auf 1896 und sie war in einem guten Zustand. So sind Franz und ich in die Steiermark gefahren, um sie abzuholen.
Auf einem Bergbauernhof war sie untergebracht. Ein ganz einfaches Mühlenwerk mit einem Mahlgang mit Einschütttrichter und einem Beutelkasten. Der Besitzer hat die Mahlsteine damals elektrisch angetrieben.
Er erzählte uns, sein Vater hatte die Mahlsteine und alles andere vor vielen Jahren aus einer Mühle im Tal ausgebaut und unter einiger Kraftanstrengung zu sich auf 1.200 m Höhe gebracht.
Für uns war das Verladen natürlich einfach, denn jetzt gings ja wieder bergab.

Was über hundert Jahre eine Familie und das Vieh versorgt hat, war in ein paar Stunden für den Transport fachgerecht zerlegt.

Sicher verstaut, tritt die Mühle ihren Weg nach Bayern und in eine neue Zukunft an.

Müllerspruch:

Sie sind rar geworden,
wir können schon von
ihnen erzählen wie von
Vergangenem.
Aber mein Jüngster
lernt die Müllerei.

Die Entstehung unserer Wassermühle in Bildern

Mit der Vision und dem nötigen Herzblut schaffte mein Mann Franz innerhalb von vier Wochen Unmögliches: Er baute eine Wassermühle! Mit allem was dazu gehört, von der Bodenplatte bis zum Wasserrad – alles hausgemacht, authentisch und wie in alten Zeiten.

Ein langer Weg bis zum Klappern der Mühle am rauschenden Bach ...

Die Grundmauern stehen, und nun ist Franz in seinem Zimmerelement und läuft zur echten Größe auf. Er als Restaurator für denkmalgeschützte Gebäude verwendet zum oberen Aufbau das Holz eines alten Getreidekastens aus dem Chiemgau. Die Fenster stiftete ein Nachbar, die Türe stammt aus einem alten Bauernhaus, und die Treppe hinauf zum Mahlgang tat in einer Scheune ihren Dienst. Ein Haus und auch eine Mühle brauchen einen „Firstbaum", den nach bayrischem Brauch wiederum die Nachbarn „entführen" und nur gegen eine anständige Hebfeier wieder zurückbringen. Die ganze Entstehungsgeschichte unserer Wassermühle wurde vom Bayerischen Rundfunk im Rahmen der Sendung „Unter unserem Himmel" begleitet und dokumentiert.

Müllerspruch:

Fremder Mühle Klapperklang ist nicht zu ertragen, nur der eigene Mühlenklang klappert nach Behagen.

Die Seitenwände des Wasserrades

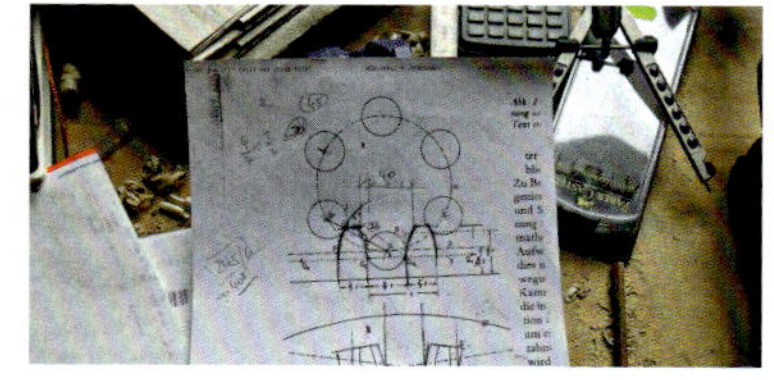

Stockerrad (links) und Kammrad (rechts) sind das Herzstück zur Kraftübertragung.

Die Lärchenbretter für die Wasserschaufeln vor und bei der Montage

Erfahrungsaustausch mit Müllermeister Rudi Sagberger

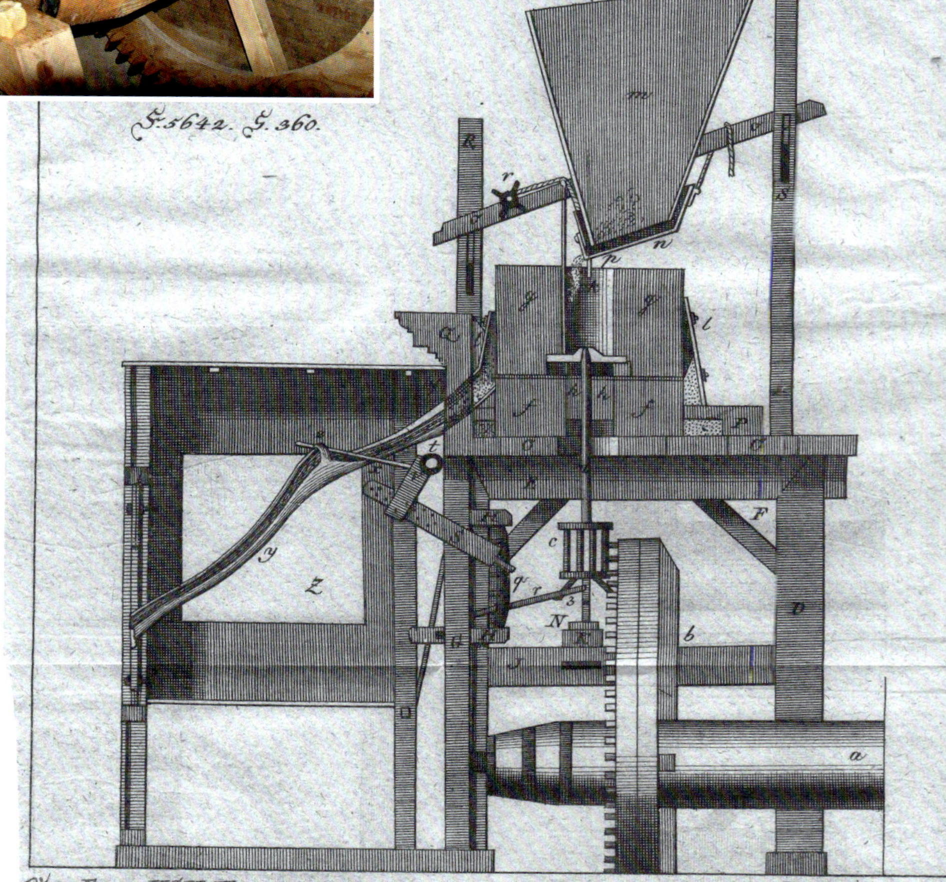

Die Antriebswelle, aus einem Lärchenstamm gearbeitet

... und jetzt klappert auch unsere Mühle!

Auf dem Trichter ist die Jahreszahl 1896 eingeschnitzt. Das Mahlwerk sind zwei große Steinscheiben mit ca. 1 m Durchmesser, die durch Aufeinanderreiben dazwischenliegende, weichere Teile zermahlen.

Dabei ist der untere Stein stationär (Bodenstein), der obere wird bewegt (Läuferstein). Für den Antrieb des Läufersteins ist das Mühleisen zuständig. Im Läufer ist es mit einer zweiflügeligen Haue befestigt. Durch die Buchse im Bodenstein hindurch reicht das Mühleisen hinab in das Untergeschoss, wo es die nötige Drehung erhält.

Das Getreide rieselt also von der Einschüttgosse durch ein 30 cm großes Loch im Läuferstein der Vermahlung entgegen. Zwischen den Steinen wird es durch den Schliff nicht nur zerkleinert, sondern auch stetig nach außen bewegt. Durch ein Fallrohr wandert das Mahlgut zur Sichtung. Es ist nun in verschieden große Bestandteile zerlegt: Mehl, Dunst und Grieß. Das Mehl wird abgesondert, und die groben Partikel kommen nochmals zur Vermahlung ...

Müllerspruch:

**Nach Zirkel,
Winkel, Lot und
Blei, dreht sich
die ganze Müllerei.**

Die feierliche Mühlen-Einweihung

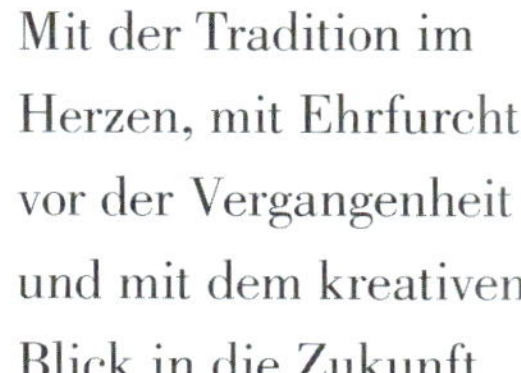

Mit der Tradition im Herzen, mit Ehrfurcht vor der Vergangenheit und mit dem kreativen Blick in die Zukunft

Das Müllerhandwerk ist das schönste und älteste Handwerk der Welt – weil der Müller am engsten mit dem Herrgott verbunden ist. Weil der Müller aus dem, was der Herrgott schafft, etwas macht, das alle Menschen brauchen.

Gedanken

Das könnte mal eine Mühle gewesen sein, dachte ich jüngst bei der Fahrt durch ein Tal, als ich das einsame Gehöft jenseits der Wiesen sah. An manchem der Bäche, die in die großen Flüsse fließen, standen einst 20 oder 30 Mühlen, und manchmal findet man noch Spuren: den kleinen Kanal, der das radantreibende Wasser umleitet, den Mühlteich …

Unser Müllerwappen

Die Verbundenheit mit dem Müllerberuf und unserer langen Tradition wird dargestellt in unserem Müllerwappen, welches seit 1946 stolz den Giebelbereich unseres Hauses ziert.

Kammrad *(das Rad zwischen den Löwen)*
Es ist unentbehrlich zur Übertragung der Kraft aus Wasser und Wind und stellt das handwerkliche Geschick des Müllers über die frühe Mahltechnik dar.
„Das Kammrad und der Mühlenstein sollen Symbol aller Müller sein."

Zwei Löwen
Die Könige der Tiere sind ein Zeichen für die Ehrbarkeit der Müller.
„Die Löwen tun das Zahnrad umfassen und dabei ihre Zungen schnalzen lassen."

Grünkraft ist Lebenskraft
(der grüne Kranz mit Blüten hinter den Löwen)
Sie ist eine Kraft aus der Ewigkeit, und diese Kraft ist heilsam, wie Hildegard so schön sagt.

658 Mühl = und

den vierdten Ein Hundert und Sechzig Gulden, und also fortan zur Straf erlegen, auch alles auf seinen Kosten wieder in alten Stand zu richten, schuldig seyn.

Der Vierte Punct.

Ebener massen solle auf das Fach oder Wöhr-Baum nichts gesetzt oder aufgenagelt werden, wordurch denen Gütern oder andern nahgelegenen Mühlenen Schaden könnte zugefüget werden, bey Straf Vierzehen Gulden.

Der Fünffte Punct.

An denen Ablassen, Schutz- oder Stell-Brettern solle keiner Macht haben, die Schwellen oder Schutz-Bretter über gegebene Ordnung zu erhöhen, um seinem obern Nachbar das dardurch aufhaltende Wasser unter die Räder zu schwellen, sondern dieselbe dem Fach auch Wöhr-Baum jederzeit gleich halten, bey Straf, wegen jeden Bretts, von jedem Zoll, so darüber ist, eines Guldens.

Der Sechste Punct.

Da ein Eych-Pfahl durch einen Müller vorsetzlicher Weiß ausgezogen, verruckt oder verändert werden möchte, der solle, neben Erstattung des dardurch causirten Schadens, um zwanzig Gulden gestrafft werden.

Der

Müller = Ordnung. 659

Der Siebende Punct.

Damit in denen Mühl-Gräben destoweniger Unrath, Sand und Kies liegen bleibe, auch die benachbarte Feld-Güter von den grossen Gewässern destoweniger Schaden leyden mögen; So sollen an denen Orten, da es die Nothdurfft erfordert, die Müller bey grossen fürfallenden Gewässern, ihre Ablaß- Schutz- und Stell-Bretter, nach Gelegenheit des Orts und der geschwornen Erkanntnuß aufzuziehen, und das Wasser durchzulassen schuldig: Hingegen aber auch nicht befugt seyn, ihre Schutz- oder Stell-Bretter bey kleinem Wasser länger zuzustellen, und dem Nachbar das Wasser dardurch aufzuhalten, als biß sie ihre Stein gehauen, bey Straf einer, zwey biß drey kleiner Freveln, nach Proportion des dardurch causirten Schadens, und sich dabey äussernden Muthwillens, vor welchen Schaden, nach Erkanntnuß Burgermeister und Gerichts jeden Orts, der Müller gebührenden Abtrag zu thun.

Der Achte Punct.

Wann in Unserm Hertzogthum Zimmer- Geschnitten- oder Scheiter-Holtz an Flötzen oder eingeworffen, es seye entweder auf der Donau, dem Neccar, der Entz, Nagold, Küntzig, Rems, dem Kocher, Fils, Murr, oder andern fliessenden Wassern, durch die in den Mühl-Wöhren befindliche Flotz-Gassen durchgelassen werden müßten; So sollen die Innhabere derselben

Tt 2

XXVI.
Mühl- und Müller-Ordnung.

Müllerspruch:

Wer ist Lehrling?
Jedermann.
Wer ist Geselle?
Der was kann.
Wer ist Meister?
Der was ersann.

Glück zu – der alte Gruß der Wandermüller

Bei der Vorstellung in einer fremden Mühle musste der Wanderstock durch die dritte Stufe der Mühlentreppe gesteckt werden mit dem Bündel daneben, bis der Meister sagte: „Willkommen und Glück zu, Geselle!" Die Antwort hatte zu lauten: „Glück zu von Meistern und Handwerk! Herr Meister, ist es erlaubt, um Arbeit anzusprechen?"

Unsere Geschichte als Müller beginnt im Jahre 1765

Eine Zeit, in der das Handwerk noch vom Vater auf den Sohn übertragen wurde und der Lehrling noch lernte, indem er die Handgriffe der alterfahrenen Meister beobachtete und nachahmte.

Unser Handwerk ist besonderer Art und bedarf eines gewissen Grades an Leidenschaft und Hingabe.
Heute, nach vielen Generationen und immer weiter gehender Spezialisierung, sind für uns viele der damaligen Werte erhalten geblieben.

August Wagenstaller mit der übernächsten Müllergeneration in seiner Mühle

Die heilige Katharina von Alexandrien – Schutzpatronin der Müller

Vielmals mit dem Rade dargestellt, wurde sie während des ganzen Mittelalters sowohl im Osten wie auch im Westen hoch verehrt.

Sie gehört zu den 14 Nothelfern und ist eines der „drei heiligen Madl", von denen der Volksmund sagt: Margareta mit dem Wurm, Barbara mit dem Turm, Katharina mit dem Radl, das sind die drei heiligen Madl.

Westermühlen

Die Heimat hier und hier dein erster Traum!
Das Mühlenrad rauscht,
So lustig stäubt der Schaum,
Und unten blinkt der Bach in tiefem Schweigen,
Ein Spiegelgrund, drin blau der Himmel ruht.
Vom Ufer rings mit ihren dunklen Zweigen
Taucht sich die Erle in die klare Flut.
Horch, Peitschenknall und muntrer Pferdetrab!
Die Räder knirschen durch den feuchten Sand.
Halt an! Halt an! Nun sacht den Berg hinab
Und durch den Bach zum andern Uferrand.
Dann wieder aufwärts links den Weg entlang
Hinauf zur Mühle mit des Kornes Last,
Wo von der Eiche unermüdlich klang
Der Stare fröhlich Plaudern hoch vom Ast.
Zehn Schritte noch, da steht im Schattengrunde
Der Linden halb versteckt das Müllerhaus;
Der Müller mit der Tabakspfeif im Munde
Lehnt in der Tür und schaut behaglich aus.

Theodor Storm

Söllhubener Kasknödel

300 Gramm altbackenes Weißbrot
4 ganze Eier
ca. 1/8 Liter Milch
1 Zwiebel
100 Gramm Butter
150 Gramm Käse (z.B. Emmentaler)
60 Gramm Mehl, Salz, Muskat

Das Brot in feine Scheiben schneiden. Die Eier mit der Milch verquirlen und über das Brot geben. Die geschälte, fein geschnittene Zwiebel in Butter glasig dünsten. Den Käse in sehr feine Würfel schneiden und alles zusammen mit dem Mehl zum Brot geben. Gut mischen, mit etwas Salz und Muskat würzen. Aus der Masse 8-10 Knödel formen, in aufgekochtes Salzwasser geben und darin langsam ziehend ca. 15 Minuten garen lassen.

Die Knödel können auch anstelle von Wasser in heißem Fett gebacken werden.
Man serviert sie dann entweder in heißer Suppe oder mit Sauerkraut. Sehr gut auch mit zerlassener Butter übergossen!

Lettener Äpfelknödel

1/2 Kilogramm Äpfel
300 Gramm Dinkelmehl 630
1 ganzes Ei
Salz
1/2 Päckchen Backpulver
In Fett angeröstete Brösel herstellen, aus:
50 Gramm Zucker
100 Gramm Brösel
50 Gramm Fett

Die Äpfel werden halbiert und entkernt, aber nicht geschält. Man reibt sie am Reibeisen, gibt das Mehl dazu und lässt dies 1/2 Stunde stehen. Dann gibt man das Ei, Salz und das Backpulver dazu und macht einen Teig.

Mit immer nassen Händen formt man kleine Knödel und lässt sie in Salzwasser 15 Minuten kochen.
Die Knödel gibt man in die gerösteten Brösel hinein, wälzt sie und richtet sie gezuckert an.

Moosener Zwiebelbrot

1 Päckchen Frischhefe

1 Becher Buttermilch (500 Milliliter)

1 Teelöffel Zucker

500 Gramm Dinkelmehl 1050

1 Teelöffel Salz

250 Gramm Röstzwiebeln

1 eingefettete Kastenform

Geht sehr schnell.

Die Hefe zerbröseln, mit ½ Becher Buttermilch und dem Zucker in der Hälfte des Mehls auflösen. Dies mit dem Salz und den Röstzwiebeln vermischen, die restliche Buttermilch zum Hefeteig geben. Das Ganze verrühren und zügig den Rest des Mehls mit dem Kochlöffel unterarbeiten.

Alles in eine gefettete Kastenform füllen, nicht „gehen lassen".

Bei 200 Grad ins Backrohr, nach 45 Minuten zurückschalten.

Warm aufschneiden, Butter aufstreichen.

Neukirchner Brotsuppe

1 - 2 Scheiben altbackenes Brot (dunkel bzw. Vollkorn, wenn man es deftig mag) trocknen oder toasten, in Würfel schneiden, mit heißer, pflanzlicher Brühe übergießen. Mit Salz, Pfeffer und Knoblauch abschmecken.

Besonders gut schmeckt es, wenn man dazu eine saure Gurke (aber nicht Essiggurke) reibt.

Die Wagenstaller Mühle Anfang der 50er Jahre

Müllerspruch:

Ich mahl
mein Mehl für
jedermann.
Es gibt gut Brot,
wer backen kann.
Doch kein Müller
auf der Welt,
der mahlen kann,
wie's jedem gefällt.

Hirnsberger Grießknödel

200 Milliliter Milch

80 Gramm Allgäuer Bauernbutter, Süßrahm

90 Gramm Grieß

1 Ei

Salz, Pfeffer und Muskat

2 Ecken Bio-Schmelzkäse 45 % Fett i.Tr.

Fett zum Ausbacken

1 Glas Tomatensauce mit Oliven

Die Milch mit der Butter zum Kochen bringen, den Grieß einrühren und so lange verrühren, bis sich ein weißer Belag am Topfboden bildet. Die Masse vom Herd nehmen und 10 Minuten quellen lassen. Das Ei einrühren und mit Salz, Pfeffer und Muskat abschmecken. Den Knödelteig zugedeckt ca. 2 Stunden kalt stellen.
Mit einem Suppenlöffel Teig entnehmen. In die Mitte jedes Knödels etwas Schmelzkäse geben, den Teig darüber zusammendrücken und zu runden Grießknödeln formen. Die fertig geformten Grießknödel in heißem Fett bei 140 Grad ausbacken. Die Tomatensauce erwärmen, auf einen Teller geben und die Knödel darauf anrichten.
Zubereitungszeit ca. 25 Minuten plus 2 Stunden Kühlzeit für den Knödelteig.

Riederinger Knoblauchsuppe

200 Gramm Wurzelwerk

2 Esslöffel Butter

Salz, Pfeffer

1¼ Liter Brühe

50 Gramm Butterschmalz

1-2 gehackte Zwiebeln

3-5 geschnittene Knoblauchzehen

1 Prise Galgant

Kümmel

2 Esslöffel Mehl

Das Wurzelwerk wird geputzt, gewaschen und kleingeschnitten. Das Ganze gibt man dann in zerlassene Butter und dünstet es kurz an. Wir würzen dies mit Salz und Pfeffer und löschen mit Brühe ab und lassen es ca. 20 Minuten köcheln. Die Suppe durchpassieren und die Brühe auffangen.
Nun Butterschmalz erhitzen und Zwiebeln sowie Knoblauch darin anbräunen. Mit Galgant und Kümmel abschmecken und das Mehl unterrühren. Die Gemüsebrühe wieder erhitzen und das angedünstete Mehl einrühren.
Abschmecken und servieren.

Müllerspruch:

Die
Mühle gewinnt
ihr Geld gehend,
nicht stehend.

Simsseer Seelenweckerl

1 Kilogramm Weizenmehl 550
700 Milliliter lauwarmes Wasser
1 Beutel Trockenhefe
20 Gramm Salz
30 Gramm Backmalz (für die Bräunung geht es aber auch ohne)
Kümmel und grobes Salz zum Bestreuen

Alle Zutaten zu einem Teig verarbeiten, ca. 10 Minuten kneten, und über Nacht an einem kühlen Ort mit einer Frischhaltefolie zugedeckt ruhen lassen. Den Teig am Morgen dann aus der Schüssel stürzen und mit nassen Fingern teilen und zu langen schmalen Stangen formen in der Größe von kleinen Baguettes. Die einzelnen Seelen nun mit grobem Salz und geschrotetem Kümmel bestreuen.
Im vorgeheizten Ofen bei 220 Grad ca. 20 Minuten backen.

Eckinger Topfenecken

200 Gramm Butter
200 Gramm Topfen (mager)
200 Gramm Dinkeldunst
1 Prise Salz
Marmelade nach Geschmack
1 Ei

Dieser Teig eignet sich auch sehr gut für einen Apfelstrudel – nicht einrollen, sondern einfach zusammenschlagen.

Butter, den durch ein Sieb gestrichenen Topfen, Mehl und Salz rasch zu einem Teig kneten und mindestens 1 Stunde im Kühlschrank rasten lassen.
Den Teig messerrückendick ausrollen und in Quadrate schneiden (besser mit Teigrad). Einen kleinen Löffel Marmelade in die Mitte geben, dann die Ecken mit verquirltem Ei bestreichen und zu Dreiecken oder anderen Gebilden zusammenschlagen. Die Oberfläche auch mit Ei bestreichen.
Bei ca. 210 Grad backen, bis sie eine leichte Bräunung aufweisen, und noch heiß überzuckern.

Unsere Linde

Das Blatt der Linde gleicht der Form unseres Herzens.
Nach Paracelsus' Signaturenlehre ist es also kein Wunder, dass Lindenblätter bei Liebeskummer helfen und Lindenblütentee den nervösen Herzschlag zähmt. Lindenblüten wirken auch gegen Stress und bei Schlaflosigkeit.

Herbst – Gesundheit
Um Magen und Darm zu harmonisieren, empfahl die Naturheilkundlerin Fenchel, dessen ätherisches Öl entspannt.
1 Liter Fencheltee (stark verdünnt) über den Tag verteilt trinken und zusätzlich immer wieder ein paar Fenchelkörner kauen.

Lindenblütentee von unserer Sommerlinde. Am besten schmeckt er, wenn er geköchelt wird. Dabei ändert er auffällig seine Farbe von hellem Grün in zartes Rosa.

Müllerspruch:

Wie der
Wind bläst,
so treibt
die Spreu.

Tee ist immer Teil einer kleinen Zeremonie – signalisiert Ruhe, Auszeit und wird so in unserer hektischen Welt immer wichtiger.

Kräutertees haben keine Kalorien. Sie eignen sich somit hervorragend zur Unterstützung bei Diäten.

In der ayurvedischen Küche sind in jeder Mahlzeit möglichst alle Geschmacksempfindungen (süß, sauer, salzig, scharf, bitter, herb) enthalten. Das macht satt und zufrieden.

Jegliche Nahrung und alle Getränke soll man in geziemender Weise, nicht zu warm und mäßig genießen, damit der Mensch nicht durch die verschiedenartigen in ihnen enthaltenen Säfte geschwächt wird und seine Natur nicht in schädlicher Luft über ihr Maß hinausgeht.

Elemente

Energie

Niemand ist so arm,
dass er nicht für einen noch
Ärmeren ein Sonnenstrahl,
ein Lebenslicht werden könnte.
Niemand ist so reich,
dass er nicht beides brauchen könnte.

A. Bezzelt

Lebensenergie schöpfen wir aus den vier Weltelementen – Feuer, Luft, Wasser, Erde – durch positive Naturerlebnisse und natürliche Heilmittel.

Die Ordensfrau und Seherin Hildegard von Bingen erblickte in ihren Visionen den Menschen in der Mitte des Kosmos in enger Wechselwirkung mit diesen vier Grundbausteinen, die seine vitalen Funktionen aufrechterhalten:

„Vom Feuer hat (d)er (Mensch) die (Körper-)Wärme, von der Luft den Atem, vom Wasser das Blut und von der Erde den Körper (Muskeln und Knochensubstanz). Dem Feuer verdankt er das Sehen, der Luft das Gehör, dem Wasser die Bewegung und der Erde seinen Gang."

Erde

Das Element Erde in uns stärken wir durch Spaziergänge und Wanderungen, durch „erdige" Tätigkeiten wie Gartenarbeit, aber auch durch den Umgang mit natürlichen Heilmitteln.

Feuer

Schüren wir unser inneres Feuer durch die Wärme und den Schein einer Kerze oder durch ein freundliches Lächeln gegenüber unserem Nächsten.

Lebensenergie

Die vier Elemente entscheiden über den Säftehaushalt des Menschen, Gesundheit und Krankheit. Kein Mensch existiert ohne dieses kosmische Prinzip, alles wirkt zusammen in dieser Ordnung, im Gleichgewicht und in Harmonie.

Die vier Weltelemente – so schreibt es Hildegard von Bingen – können sowohl als Naturerlebnis als auch als natürliches Heilmittel für den Menschen wirksam werden.
Wer bespielsweise an einem Frühlingsmorgen in einem ruhigen See ganz allein der Sonne entgegenschwimmt, sich dem frischen Wasser anvertraut, findet Frieden. Tiefe Stille entsteht im Menschen. Seine Nerven sind beruhigt, und sein Herz schlägt ruhig und stark. Mit einem Mal befinden sich Innen- und Außenwelt im Gleichgewicht.

Elemente

Das Große geschieht so schlicht
wie das Rieseln des Wassers,
das Fließen der Luft,
das Wachsen des Getreides.

Adalbert Stifter

Wasser

Genießen wir Wasser als reinigendes Element, indem wir die tägliche Dusche als Ritual zelebrieren, einen Bach in seinem Lauf beobachten und ihm unsere Sorgen mitgeben.

Luft

Lassen wir uns durch das Element Luft beflügeln, indem wir bewusst ein- und ausatmen, dem Treiben der Blätter im Wind lauschen oder ziehende Wolken verfolgen.

Bayerische Kirchweihnudeln

Zutaten für etwa 20 Stück:
500 Gramm Weizenmehl 550
30 Gramm Hefe
50 Gramm Zucker
¼ Liter warme Milch
40 Gramm zimmerwarme Butter
3 Eier
Salz

Mehl für die Arbeitsfläche
1 Kilogramm Backfett
Puderzucker zum Bestäuben

Mehl in eine Schüssel sieben, in die Mitte eine Mulde drücken. In der Mehlmulde aus Hefe, 1 Esslöffel Zucker, etwas lauwarmer Milch und etwas Mehl vom Rand den Vorteig anrühren. Warm stellen, 15 Minuten gehen lassen.
Vorteig mit allen Zutaten vermengen (Milch nicht auf einmal zugeben, je nach Menge wird der Teig fester oder weicher), schlagen, bis er sich gut von der Schüssel löst.
Zugedeckt nochmals 20 Minuten gehen lassen.
Mit dem Esslöffel Teigstücke abtrennen. Die Nudeln auf eine bemehlte Arbeitsfläche legen, mit Mehl bestäuben, abdecken, 30 Minuten ruhen lassen.

In einer großen Pfanne oder Friteuse Backfett erhitzen. Nudeln mit befetteten Fingern so formen, dass der Teig in der Mitte hauchdünn, die Ränder wulstig werden. Ins heiße Fett gleiten lassen, Oberseite mit Fett begießen. Nach etwa 3 Minuten umdrehen, kein Fett mehr in die Mitte geben, sie soll weiß bleiben. Auf einem Sieb abtropfen lassen, mit Puderzucker bestäuben.

Kirta

Kirchweih, der „Kirta“, war früher eines der wichtigsten Bauernfeste, ein Familien- und Sippenfest, an dem die Verwandtschaft zusammengekommen ist und sich drei Tage lang der Tisch hat biegen müssen.

A richtiger Kirta dauert bis zum Irta (Dienstag),
Er ko se a schicka bis zum Migga (Mittwoch).

Auf Kirchweih hin wurden die Gänse gemästet und der Schmalzhafen gefüllt zum Herausbacken der Kirchweihnudeln, der „Ausgezogenen“ oder dem „Fensterkiache“ aus Weizenmehl.

Endorfer Hauberlinge

500 Gramm Roggenmehl 610
250 Gramm Weizenmehl 405
100 Milliliter lauwarmes Wasser
1 Päckchen Frischhefe
1 Prise Zucker
1 Ei und 1 Eiweiß
1 gehäufter Esslöffel Salz
gemahlener Kümmel und Schnittlauch
Bier für den Teig (Helles ist wichtig, es macht den Geschmack aus!)
ca. 1/8 Liter warme Milch

2 Esslöffel Mehl und eine Prise Zucker in eine kleine Schüssel geben, Hefe rein bröckeln und mit gut warmem Wasser einen sehr weichen Vorteig anrühren, zugedeckt etwa 1/2 Stunde gehen lassen.
Das restliche zimmerwarme gesiebte Mehl mit Salz Kümmel und klein geschnittenem Schnittlauch vermischen. Nun den Vorteig, die Eier und die Milch unterrühren. Zum Schluss kommt noch so viel Bier hinzu, dass der Teig nicht zu fest aber auch nicht zu weich ist. Alles sehr gut miteinander verkneten, mindestens 10 Minuten. Jetzt darf unser Teig für mindestens eine halbe Stunde mit einer Folie bedeckt rasten.
In der Zwischenzeit bereiten wir eine Pfanne mit Fett vor, es sollte einen guten Zentimeter tief sein!
Das Fett auf optimale Temperatur bringen, es darf gerade noch nicht rauchen.
Nun nehmen wir einen Esslöffel, tauchen ihn in das heiße Fett und stechen damit Hauberlinge ab, wobei wir immer fünf aneinanderhängen. Dass muss schnell gehen!
Auf beiden Seiten gut braun werden lassen, rausnehmen und abtropfen lassen. Als Richtwert gilt: Je Seite ca. 8 Minuten braten.

Die Hauberlinge werden zu Rehragout serviert oder auch einfach zu einem gepflegten Glas Bier.

Müllerspruch:

Wer zur Mühle will, gehe dem Wasser nach.

Der Trachtlernachwuchs steht fest zur Tradition. Die Tracht ist Bestandteil bayerischen Lebens.

Kürbismarmelade

1 Kilogramm Kürbis
1 Kilogramm Gelierzucker
Saft einer Zitrone
30 Milliliter Calvados

Der Kürbis wird geschält, entkernt, in Stücke geschnitten und im Wolf oder Mixer zerkleinert. Fruchtmasse und die Hälfte des Zuckers unter Rühren zum Kochen bringen, dann den Rest des Zuckers dazu, wieder aufkochen lassen, 10-30 Sekunden brausend durchkochen.
Zitronensaft und Calvados hineinfügen, durchrühren, heiß in Gläser füllen und sofort wieder schließen.

Kürbiscremesuppe

1 Zwiebel
500 Gramm Hokaidokürbis
½ Liter pflanzliche Brühe
Ingwer, Zitronensaft, Sauerrahm
Honig zum Abschmecken
evtl. ¼ Liter Weißwein

Gehackte Zwiebeln dünsten.
Kürbiswürfel (mit Schale)zu den Zwiebeln geben und alles für ungefähr 15 Minuten dünsten. Dann Brühe dazugeben, alles pürieren und mit Ingwer, Zitronensaft, Sauerrahm und Honig abschmecken.
Sehr gut auch mit ¼ Liter Weißwein.

Kürbis auf süß-saure Art

5 Kilogramm Kürbis
3 Kilogramm Zucker
2 Tassen Weinessig
2 Tassen Wasser
Galgant, Nelken

Kürbis aufschneiden, Inneres mit Kernen herauslösen, dick schälen, in Streifen zerlegen, zerstückeln. 12 Stunden in den mit Wasser verdünnten Essig einlegen.
Zutaten aufkochen, abgetropfte Kürbisstücke hineingeben, glasig kochen. Mit Schaumlöffel in heiße Gläser füllen. Eingedickten Saft darübergießen, zubinden, kühl aufbewahren.

Kürbis-Pickles

2 Kilogramm Kürbisfleisch – fest
½ Liter Weinessig
½ Liter Wasser
750 Gramm Einmachzucker
2 Esslöffel Salz
1 Teelöffel Pfefferkörner
1 Stück frischer Galgant
6 scharfe kleine Pfefferschoten

Man nimmt einen kleinen, noch nicht ganz reifen Kürbis. Das Kürbisfleisch in kleine Würfel schneiden, Essig und Wasser aufkochen, über die Kürbiswürfel geben und 12 Stunden stehen lassen. Dann die Kürbisstückchen herausnehmen, die Essiglösung mit Zucker und Gewürzen (die man in ein Mullsäckchen eingebunden hat) zum Kochen bringen und die Kürbisstücke und die aufgeschnittenen Pfefferschoten darin glasig kochen.
In Gläser füllen und mit dem Dampf-Konservierer verschließen.

Bunter Kürbistopf mit Calvados

½ Liter Rotwein
½ Liter Weinessig
400 Gramm Zucker
1 Stange Zimt
etwas Galgantgewürz
1 Kilogramm Kürbis (geschält und entkernt)
½ Kilogramm Zwetschgen
125 Gramm Korinthen
½ Liter Calvados

Wein, Essig, Zucker und Gewürze werden gut durchgekocht, der in Würfel geschnittene Kürbis hineingetan. Man lässt ihn ziehen, bis er glasig ist (etwa 10 Minuten bei kleiner Flamme).
Die entsteinten Pflaumen und die Korinthen kocht man mit dem Kürbis in der Flüssigkeit auf, schichtet die Früchte in ein Glas und gießt den heißen Sud, dem man den Calvados hinzugefügt hat, darüber. Gläser gut zubinden.

Kürbisse sind trocken und kalt. Dennoch haben sie ihr Wachstum aus der Luft. Sie sind zum Essen gut sowohl für die Kranken wie auch für die Gesunden.

Müllerspruch:

Die Mühle
muss mahlen,
der Kunde
muss zahlen.
Die Vögel
sollen singen,
viel Freude
uns bringen.

Krustenbrot

425 Gramm Dinkelmehl 630
10 Gramm Trockenhefe
15 Gramm Salz
200 Milliliter lauwarmes Wasser
100 Milliliter helles Bier (z.B. Pils, zimmerwarm)
1 Esslöffel Weißweinessig
Mehl und Öl zum Bearbeiten

Mehl, Hefe und Salz in einer Schüssel mischen.
200 Milliliter lauwarmes Wasser, Bier und Essig zugeben und mit einem Rührlöffel schnell glattrühren (der Teig ist ziemlich flüssig). Schüssel mit Klarsichtfolie abdecken. Teig bei Zimmertemperatur 18 Stunden gehen lassen.
Den weichen Teig auf einer bemehlten Arbeitsfläche von einer Seite zur anderen und von oben nach unten klappen. Den Vorgang ca. 10-15 mal wiederholen. Einen Bogen Backpapier (ca. 45 x 30 cm) in eine runde Form (24 cm Durchmesser, z.B. Springform) legen. Teig daraufgeben.
Klarsichtfolie auf einer Seite mit Öl bestreichen und den Teig mit der geölten Folienseite nach unten abdecken. Teig bei Zimmertemperatur 2 Stunden gehen lassen.
Einen gusseisernen Bräter mit Deckel (24 cm Durchmesser) auf einen Rost auf die unterste Schiene in den Ofen stellen. Ofen auf 250 Grad (Gas 5, Umluft nicht empfehlenswert) vorheizen.
Folie vom Teig nehmen. Teig mit einem scharfen Messer kreuzweise einschneiden, leicht mit Mehl bestäuben und mit dem Papier in den heißen Bräter setzen. Teig im Bräter zugedeckt 30 Minuten backen.

Den Deckel vom Bräter nehmen und das Brot bei 220 Grad (Gas 3-4) 15-18 Minuten weiterbacken.

Brot auf einem Kuchengitter abkühlen lassen.

Gerstlsuppe

Wenn die kältere Jahreszeit ins Land zieht, isst man gerne etwas dickere Supen, unter denen die Gerstlsuppe wohl den höchsten Stellenwert einnimmt.

Gemüse-Gerstlsuppe

1 Tasse Vollkorngerste
2 Karotten
2 kleine Porree
2 Stangen Sellerie
1 Kartoffel
Vollmeersalz
2 Lorbeerblätter
1 Esslöffel Butter oder 2 Esslöffel kaltgepresstes Olivenöl
geriebener Parmesankäse
evtl. gehackte Petersilie

Gerste waschen und mit 5 Tassen Wasser über Nacht einweichen.
Am Morgen mit dem Einweichwasser und den Lorbeerblättern ca. 30 Minuten langsam zugedeckt köcheln lassen.

Vom Feuer nehmen und mindestens 3 Stunden zugedeckt quellen lassen.

Ca. ½ Stunde vor dem Essen das geputzte und fein geschnittene Gemüse mit wenig Wasser weich dünsten; zu der inzwischen gequollenen Gerste geben und salzen.

Wer es lieber sämig hat, kann einen Teil pürieren, mit etwas Butter und Parmesan abschmecken und vor dem Servieren evtl. mit Petersilie bestreuen.

Sonnenuntergang

Manchmal, abends

spiegelt sich der Widerschein

eines brennenden Himmelstreifen

dort drüben auf der Wiese, am Wald.

Rubine tanzen mit Granaten

Amethyste wiegen sich reizend

vor diamantenen Spiegeln

und ein Topas hüpft allein im Kreis

im regennassen Wiesengras.

Die Vögel versäumen das glühende Fest

sie sind schon schlafen gegangen.

Die Zeit trollt sich im Westen

und mit ihr das rote Licht,

noch glühen Wipfel und Dächer.

Zuletzt stehen wir im goldroten Schein

mein Herz, du brennst?

Die Nacht umschwärzt das Glühen,

der Regen kommt und löscht die Glut.

Marta Brandner

Müllerspruch:

**Vor Michaeli
(29.9.)
bis St. Gall
(16.10.)
säe auf gar
keinen Fall!**

Die kühne Müllerstochter

Entnommen aus dem Buch: „Herr Huckebein"
von Wilhelm Busch,
Deutsche Verlags-Anstalt, Stuttgart und
Berlin

①

Es heult der Sturm, die Nacht ist graus,
Die Lampe schimmert im Müllerhaus.

②

Da schleichen drei Räuber wild und stumm
– Husch, husch! pist, pist! – um's Haus herum.

③

Die Müllertochter spinnt allein,
Drei Räuber schaun zum Fenster herein.

④

Der zweite will Blut, der dritte will Gold,
Der erste der ist dem Mädel hold.

⑤

Und als der erste steigt herein
Da hebt das Mädchen den Mühlenstein.

⑥ Und – patsch! – der Räuber lebt nicht mehr
Der Mühlstein drückt ihn gar zu sehr

⑦ Doch schon erscheint mordgierig=heiter
Und steigt durch's Loch der Räuber zweiter.

⑧ Ha! Hu! – Er ist, eh er's gewollt.
Wie Rollenknaster aufgerollt.

⑨ Jetzt aber naht mit kühnem Schritte
Voll Goldbegierigkeit der dritte.

⑩ Schnapp! – ist der Hals ihm eingeklommen;
Er stirbt, weil ihm die Luft benommen.

⑪ So starben die drei ganz unverhofft. –
O, Jüngling! da schau her!!!
So bringt ein einzig Mädchen oft
Drei Männer in's Malheur!!!!

Quittenmarmelade

1 Kilogramm Quitten
¼ Liter Wasser
⅛ Liter süßlicher Weißwein
Saft von 1 - 2 Zitronen (je nach Größe)
½ Kilogramm Gelierzucker 2:1
1 Esslöffel Galgantpulver

Vorbereitete Quitten (waschen, vierteln, Kerngehäuse entfernen) mit Wasser, Wein und Zitronensaft etwa 10 Minuten weich kochen. Nachdem die Früchte abgekühlt sind, pürieren und mit dem Sud aus dem Wein und dem Zitronensaft vermischen. Gelierzucker unterrühren und sprudelnd ca. 7 Minuten kochen (Vorsicht! Brennt schnell an!).
Dann 1 Esslöffel Galgant unterrühren und noch heiß in Gläser füllen.

Die Quitte mit ihrem lieblich-säuerlichen Duft ist stoffwechselanregend. Ihre Frucht ist warm und trocken und hat eine feine Ausgeglichenheit in sich. Wenn sie reif ist, verletzt sie, roh gegessen, weder den Kranken noch den Gesunden; gekocht und gedörrt aber hilft sie dem Kranken und dem Gesunden.

Buttermilch-Haferbrot

(ergibt ein Brot von 25 cm Durchmesser, in Viertel geschnitten)

275 Gramm Weizenmehl 550
½ Teelöffel Natron
Salz
200 Gramm Hafermehl, über Nacht in 300 Milliliter Butter- oder Sauermilch eingeweicht

Weizenmehl, Natron und Salz in einer Schüssel vermischen. Das Hafermehl darunter rühren. Falls nötig, noch etwas Butter- oder Sauermilch hinzufügen, so dass aus der Mischung ein weicher Teig entsteht.
Den Teig etwa 10 Minuten kneten, bis er glatt ist.

Den Teig zu einer etwa 5 cm dicken runden Platte ausrollen und auf ein reichlich mit Butter bestrichenes Backblech legen. Mit einem scharfen Messer in Viertel schneiden.

Das Brot im vorgeheizten Backofen bei 190 Grad (Gasherd Stufe 3) in etwa 25 Minuten goldbraun backen.

Mehllieferung anno 1967 an eine unserer 24 Bäckereien. Schönes Wetter war für diese Fahrten Grundbedingung.

Tomaten-Quiche

Für den Teig:
300 Gramm Dinkelmehl 630
3 Teelöffel Weizenkleie
150 Milliliter zerlassene Butter oder Margarine
1 Prise Salz

Für den Belag:
2 Knoblauchzehen
1 rote Zwiebel
4 Sardellenfilets, in Salz eingelegt
370 Gramm Tomaten
1 Dose Thunfisch im eigenen Saft
2 Esslöffel Olivenöl
3 Esslöffel glatte Petersilie, gehackt
1 Teelöffel getrockneter Thymian
Salz, schwarzer Pfeffer, frisch gemahlen
75 Gramm Kalamata-Oliven

Für den Guss:
3 Eier
150 Milliliter Milch

Für den Teig Mehl, Kleie, Butter und Salz zu einem weichen Teig verarbeiten. Auf einer bemehlten Arbeitsfläche oder zwischen zwei Lagen Klarsichtfolie dünn ausrollen und eine Quicheform damit auskleiden. Im vorgeheizten Ofen bei 225 Grad etwa 12 Minuten vorbacken.

Für den Belag Knoblauch und Zwiebel schälen und hacken. Sardellenfilets abspülen, trocken tupfen und in kleine Stücke schneiden. Tomaten würfeln, Thunfisch abtropfen lassen.
Das Öl erhitzen, Knoblauch, Zwiebel und Sardellen darin anschwitzen. Tomaten, Petersilie und Thymian zugeben und alles ohne Deckel etwa 5 Minuten köcheln lassen, bis die Masse etwas eindickt. Den zerpflückten Thunfisch untermengen, salzen, pfeffern und alles kurz abkühlen lassen. Die Masse auf dem Quicheteig verteilen.
Für den Guss Eier und Milch verquirlen und über die Tomatenmischung gießen. Die Oliven darauf verteilen und die Quiche bei 200 Grad im vorgeheizten Ofen etwa 20 Minuten backen.
Heiß oder abgekühlt servieren.

Senf süß

1½ Liter Wasser
½ Liter Weinessig
1 Pfund Rohrzucker Demerara
1 Pfund Zucker
Davon einen Sud kochen.
375 Gramm gelbes Senfmehl und
250 Gramm grünes Senfmehl
in den nicht mehr kochenden Sud mit Schneebesen einrühren.
1 kleine Zwiebel mit 6 Nelken spicken und
1 unbehandelte Zitrone in die Masse geben.
2-3 Tage ziehen lassen; täglich umrühren. Saft der Zitrone dazugeben. Fertig.

Senf wird bei traditioneller Herstellungsweise auf Steinmühlen schonend kalt vermahlen. So bleibt das volle Aroma und die temperaturempfindliche Schärfe erhalten.
Wer Freunde mit einem Thermomix hat, sollte sich diesen zur Herstellung ausleihen, da er gleichmäßig die Temperatur hält.

Weil Senf die Kranken schwächt, sollten sie höchstens mäßig essen, wenn sie nicht die Kraft aufbringen, ihn zu meiden. Gesunden kann er nicht viel schaden, weil ihre Stärke sie immer wieder zu Kräften bringt. Nicht gebeizt durch Wein oder Essig verletzt der Senfgenuss den Menschen, da er Schwachen schadet und sogar die Gesunden schädigt.

Müllerspruch:

Wer trinkt
ohne Durst und
isst ohne Hunger,
stirbt als Junger.

Der Schmied

war seinerzeit eine der Institutionen in jedem Dorf. Er fertigte alles, was aus Metall für den Alltag und die Bauernarbeit gebraucht wurde. Als das Pferd noch Arbeitstier war, gehörte ein ordentlicher Beschlag der Kaltblüter zur Hauptarbeit des Schmieds.

Gstanzte Biersuppe

1 Liter Bier (Weißbier)
½ Teelöffel Zitronenschale
1 Teelöffel Zucker
2 Eidotter
¼ Liter Milch
Salz nach Geschmack

Das Bier wird mit Zitronenschale und Zucker aufgekocht und abgeschaumt. Die Eidotter werden mit Milch im Topf gut verrührt, das kochende Bier darübergegossen und sprudelnd gekocht, bis es dick und schaumig geworden ist, und Salz nach Belieben hinzugefügt. Anschließend wird das Bier „gestanzt", mit einem glühenden Eisen für den besonderen Geschmack, beim Schmied ja kein Problem! Im Alltag können wir dazu den Schürhaken (natürlich sauber!) zum Stanzen unserer Biersuppe verwenden.
Wir können die Biersuppe aber auch anders würzen: mit Zitronensaft, Galgant, Kümmel oder Zimt.
Wichtig: Weißbier verwenden!

Alte Liebe

1 Flasche Bier (0,5 l)
60 Gramm Zucker
½ Stange weißer Zimt (Kaneel)
½ Zitronenschale
½ Teelöffel gemahlener Ingwer
2-3 Eigelb

Bier, Zucker, Zimt, Zitronenschale und Ingwer erhitzen. Das Eigelb schaumig schlagen. Heißes Bier unter fortgesetztem Schlagen dazurühren. In Punschgläsern servieren.

Beim Hufschmied: Theo Ortner aus Wurmsdorf bei seiner Arbeit als Hufschmied mit dem Kaltblüter und Arbeitspferd von Josef Sandbichler, dem Aßnbauern von Pietzing

Landbier-Bruschetta

100 Milliliter dunkles Bier
100 Gramm Gorgonzola
100 Gramm Greyerzer (gerieben)
1 Eigelb
1 Teelöffel Paprika (mild)
150 Gramm Semmelbrösel
1 Baguette

Das dunkle Bier mit dem Gorgonzola vermischen und mit dem Zauberstab pürieren. Geriebenen Greyerzer, Eigelb und Paprika zugeben. Gut vermengen und mit den Semmelbröseln zu einer leicht festen Masse verarbeiten.
Baguette in Scheiben schneiden und im vorgeheizten Backofen bei 180 Grad kross backen. Die Käsemasse fingerdick auf die Baguettescheiben streichen, 3-4 Minuten bei 180 Grad backen.

Ich serviere zur Landbier-Bruschetta einen bunten Gartensalat mit einem leichten Essig-Öl-Dressing und frischen Kräutern.

Das Bier aber macht das Fleisch des Menschen fett und gibt seinem Antlitz eine schöne Farbe durch die Kraft und den guten Saft des Getreides.

Meine Hausmittel

Bei starkem Husten: Öl-Butter-Schweineschmalz-Wickel

Fett erwärmen und auf einen Lappen geben, der so lang ist, dass er einmal um den Körper reicht (altes Baumwollhemd).

Diesen Lappen so warm wie möglich um die Brust wickeln.
Wichtig: ein Wärmetest durch Auflegen am Innenarm.
Das Ganze mit einem Wollschal umwickeln.
Am besten über Nacht dranlassen.

Dazu eine gute Hühnersuppe; diese wärmt von innen.

Für Halsentzündungen: Bockshornklee und Eisenkraut

Aus dem Eisenkraut wird ein Sud gekocht. Abseihen. In diesen Sud wird dann Bockshornkleesamenmehl eingerührt und so lange unter Rühren geköchelt, bis sich ein sämiger Brei bildet.

Ca. 3 Minuten köcheln und rühren. Den Brei anschließend auf ein Tuch geben, einschlagen und mit der Stoffseite um den Hals wickeln. Über Nacht dranlassen.

Bei Husten, der oftmals eine Begleiterscheinung einer Grippe ist, nimmt man:
Fenchel, Dill und Andorn und einen starken Wein (Hochgewächs-Riesling),
2 Esslöffel voll Kräuter in ½ Liter Wein,
3-4 Minuten kochen als Glühwein.
Davon 2- bis 4-mal ½ Tasse trinken.

Bei trockenem Husten, Keuchhusten, hartnäckigem Husten nach Grippe: Getrocknete Innenkerne der Pflaumen

20 Pflaumenkerne in ½ bis 1 Tasse Wein einlegen, bis sie dickbäuchig gequollen sind. 1-2 Tage.
Davon täglich mehrmals 3-6 Kerne kauen und essen.
Außerdem an diesen Tagen 6 Pflaumenkerne klein hacken und 3-4 Esslöffel von dem Wein nehmen, in welchem die Kerne quellen, daraus mit etwas Dinkelmehlschwitze eine Suppe kochen, die gehackten Pflaumenkerne mitkochen und das Ganze essen.
Kurdauer 3-5 Tage, evtl. einmal wiederholen.

Die Pflaumenkerne verlieren beim Einlegen und Quellen im Wein den größten Teil ihrer Blausäure und sind in dieser Form ein Heilmittel.
Eine Vergiftung ist dabei nicht zu befürchten, weil der geringe noch enthaltene Blausäuregehalt gerade das Heilsame ist.
Den Wein und die Kerne zum Quellen immer zudecken.

Bärwurzbirnhonig

Rezept nach Hildegard von Bingen

Benötigt werden je nach Geschmacksintensität
1 Kilogramm Birnen
250 Gramm Honig
100 Gramm der Bärwurzgewürzmischung

Die Birnen schälen, Kerngehäuse entfernen und in Wasser weich kochen. Das Kochwasser abgießen und die Birnen zu Brei zerstampfen. 8 Esslöffel Bienenhonig werden in einem Topf vorsichtig erhitzt und der Schaum abgeschöpft. Das Birnenmus und die Bärwurzgewürzmischung werden zum Honig gegeben und gut durchgerührt und nochmals kurz aufgekocht. Heiß in Gläser füllen und sofort verschließen.

Anwendung: morgens auf nüchternen Magen 1 Teelöffel, nach dem Mittagessen 2 Teelöffel und zur Nacht 3 Teelöffel.

Angesetzt wird dieser Honig zur Erntezeit der Birnen im Herbst. Er hält sich über 1 Jahr und ist wichtig bei Migräne, zum Entgiften bei Fastenkuren.

Morgens einen Esslöffel pur, mittags zwei und vor dem Zähnputzen am Abend nochmal drei Esslöffel.

Die Winterarbeit der Bauern war die Holzernte

Die Schlosser-Buam von Ackersdorf beim Hoizmacha

Der Glücksbringer: Maroni

Man sagt: Wer drei Kastanien in der Hosentasche trägt, ist vor Krankheiten geschützt.

Ein Höhepunkt unseres alljährlichen Wintermarktes: Peters Maronibraterei

Edelkastanie

Die Edelkastanie, auch Maroni genannt, spielte in früheren Zeiten eine große Rolle bei der Ernährung der armen Landbevölkerung der südlichen Länder. Deshalb wurde sie auch als „kleines Naturbrot" bezeichnet.

Edelkastanien enthalten Stärke, Eiweiß und hochwertige Kohlehydrate sowie die Vitamine A, B und C und sind dabei glutenfrei.

Damit kommt der Edelkastanie eine bedeutende Schlüsselrolle für Körper und Seele zu. Auf Grund ihrer Inhaltsstoffe und gespeicherten Sonnenenergie ist sie in der Lage, den Menschen so vollständig und harmonisch zu ernähren, dass er seine Ausstrahlung und Widerstandskraft zurückerhält. Dabei hilft sie der Leber wieder gesund zu werden und den Menschen ins rechte Maß zu bringen.

Edelkastanien und Edelkastanienmehl
spielen in der Hildegard-Küche eine wichtige Rolle. Die gekochten Edelkastanien finden Verwendung als Gemüse, Beilage, Suppe für Füllungen von Geflügelgerichten, oder man isst sie so. Edelkastanienmehl verwendet man als Mehlanteil in Pfannkuchen und Backwaren sowie zur Herstellung des Edelkastanienhonigs.

Maroni füllen das Gehirn
5-10 Kastanien in Brühe gekocht für mehr Lebensfreude

Der Kastanienbaum ist sehr warm und hat auf Grund seiner Wärme eine große Kraft (Lebenskraft; virtus = Tugendkraft), da er die discretio (das rechte Maß, die Mitte, das Firmament) symbolisiert und alles, was in ihm ist, und auch seine Frucht ist nützlich gegen jede Schwäche, die im Menschen ist.

Dinkel-Kastanien-Brot

200 Gramm Dinkelschrot
1/8 Liter Milch
1/8 Liter Wasser
40 Gramm Hefe
200 Gramm Dinkelmehl 1050
2 Esslöffel Kastanienmehl
1 gestrichener Teelöffel Salz
je eine Prise Bertram und Galgant

Dinkelschrot mit Milch und Wasser anrühren und 1-2 Stunden quellen lassen, gut durchrühren und die Hefe untermengen. Nach 10 Minuten Dinkel-, Kastanienmehl und Salz und Gewürze zugeben und gut durchmischen. Zudecken und am besten 1-2 Stunden gehen lassen (bei Zimmertemperatur). Zwischendurch noch mal gut durchkneten. Abschließend wieder durchkneten, in eine mit Butter ausgestrichene Kastenform geben und ein letztes Mal gehen lassen. Backofen bei Ober- und Unterhitze auf 250 Grad vorheizen, Teig mit Wasser bestreichen, ein paar mal einschneiden und auf mittlerer Schiene einschieben. Nach 20 Minuten auf 200 Grad zurückschalten, Form auf unterste Schiene stellen und 1 Stunde durchbacken. Ofen ausschalten und Brot noch 10 Minuten im Ofen lassen.

Müllerspruch:

Aller Anfang ist schwer, sagte der Dieb und stahl den Mühlstein.

Kastanienkompott

80 Gramm Zucker
250 Milliliter Weißwein
Zitronenschale oder Vanillestange
500 Gramm Kastanien

Den Zucker mit Wein und Zitronenschale oder Vanillestange 5 Minuten leicht kochen lassen. Dann die vorgekochten, geschälten Edelkastanien hineingeben und darin vollständig weichkochen, aber so, dass sie nicht zerfallen. Das Kompott kann warm oder kalt gereicht werden.

Kastaniencremesuppe

2 Tassen geschälte Kastanien (1 Tasse = ¼ Liter)
3 Tassen Wasser
2 Tassen (gekochte) Milch
1 Zwiebel
etwas Butter
2 Esslöffel Dinkelmehl
1 Teelöffel Salz
1 Messerspitze Pfeffer
1 Prise Selleriesalz
1 Prise Muskatnuss
1 Tasse Sahne
etwas gehackte Petersilie

Die Edelkastanien in Wasser weichkochen, durch ein Sieb pressen und Milch dazugeben. Zwiebel in Butter andünsten, ohne sie braun werden zu lassen. Mehl, Salz, Pfeffer, Selleriesalz und Muskatnuss dazugeben. Milch-Kastanien-Mischung langsam zugeben, unter ständigem Rühren 5 Minuten kochen lassen und Sahne hinzufügen. Bis zum Kochen erhitzen. Mit Petersilie garnieren und servieren.

Kastanienbratlinge

300 Gramm Kastanien
100 Gramm Roquefort
2 Eier
50 Gramm Möhren
4 Esslöffel Schlagsahne
1 Bund Petersilie
Kräutermeersalz, Pfeffer
1 Esslöffel Butterschmalz

Die Kastanien in der Nacht in Wasser einweichen, dann auf kleiner Flamme ca. ½ Stunde kochen lassen. Pürieren. Kastanienpüree, Roquefort, Eier, Möhren, Schlagsahne und Petersilie gut vermengen. Mit Kräutermeersalz und Pfeffer aus der Mühle würzen. Kastanienmasse esslöffelweise in das heiße Butterschmalz geben, flachdrücken und die Bratlinge beiderseits langsam goldbraun braten.
Dazu passt ein bunter Salat.

Der Reifn-Franz von Abersdorf beim Hoizschebsn

Auf dem Weg von der Mühle nach Hause: der Weber von Kinten, Franz Mühlbauer

Heißer Most

½ Liter Most
3 Teelöffel Zucker
5 Gewürznelken
1 Lorbeerblatt
½ Zimtstange
1 Scheibe Zitrone

Alle Zutaten werden in einen Topf zum Sieden gebracht. Schmeckt sehr fein.

Eiergrog

4 Eigelb
2 Esslöffel Zucker
½ Liter Milch
¾ Liter Rum/Arrak

Eigelb mit Zucker schaumig rühren, die Milch unter ständigem Rühren zugeben. Zum Schluss den Alkohol zusetzen, das Getränk nur erhitzen – nicht kochen.

Ingwerpunsch

Zutaten für 4 Personen:
1 walnussgroßes Stück Ingwer
1 kleine Bio-Zitrone
600 Milliliter frisch gebrühter schwarzer Tee
350 Milliliter Apfelsaft
2 Sternanis
1 Zimtstange
4 Esslöffel Honig
4 kleine Thymianzweige
einige Cranberries

Ingwer schälen und in Scheiben schneiden. Zitrone heiß waschen und in ca. 0,5 cm dicke Scheiben schneiden. Tee mit Apfelsaft, Ingwer, Zitrone und Gewürzen in einen Topf geben und langsam erhitzen und aufkochen lassen. Dann vom Herd ziehen. Nach Belieben die Gewürze herausnehmen.

Zum Servieren Honig in Teegläser geben und den Tee heiß darübergießen, je einen Thymianzweig und einige Cranberries zugeben und servieren.

Müllerspruch:

Was auf einmal
nicht gelingt,
Fleiß und Zeit
zu Wege bringt.

Früchtepunsch

1 Liter Wasser
2 Stangen Zimt
10 Nelken
Das Wasser mit den Gewürzen aufkochen und fünf Minuten ziehen lassen.

2 Liter satter Rotwein
2 Liter Orangensaft
100 Gramm Arrak
100 Gramm Rum (74 %ig)
300 Gramm Zitronensaft
300 Gramm Zucker (Birnat oder Ahornsirup) oder 3 Esslöffel Honig
20-30 Gramm Orangenpaste

Den Rotwein mit dem Orangensaft, Arrak und Rum erwärmen. Den Zitronensaft, den Zucker oder Honig nach Belieben sowie die Orangenpaste beigeben.

Nun dieser Mischung das abgesiebte Gewürzwasser zugeben und alles kurz erwärmen (nicht kochen).

Ein Glas mit einer Orangenscheibe dekorieren und den Punsch heiß genießen.

Unser Wintermarkt

Unseren Wintermarkt gibt es schon seit einigen Jahren, und er ist ein Geheimtipp im Chiemgau. Hier sind die Einladungsplakate der letzten Jahre zu sehen, gezeichnet von Martin Wagenstaller.

Kletzenbrot

500 Gramm getrocknete Birnen
500 Gramm gedörrte Zwetschgen
500 Gramm Feigen
250 Gramm Walnüsse
1 Glas Weinbrand
250 Gramm Mandeln
250 Gramm Rosinen
250 Gramm Korinthen
1 Kilogramm Schwarzbrotteig
10 Gramm Anis
2 Gramm Zimt
je 1 Prise Koriander, Pfeffer und gemahlene Nelken
125 Gramm Orangeat
125 Gramm Zitronat
150 Gramm Dinkelvollkornmehl

Am Vortag die Birnen erst warm, dann kalt waschen und in so viel Wasser weich kochen, dass sie gerade bedeckt sind. Die Brühe aufheben. Birnen von Gehäuse und Stielen befreien und in Stückchen schneiden. Die gedörrten Zwetschgen ebenfalls warm, dann kalt waschen und weich kochen, entkernen, in Stücke schneiden und zu den Birnen geben. Die Feigen waschen, in Stückchen schneiden, mit Kletzensaft übergießen und über Nacht aufquellen lassen. Die Walnusskerne über Nacht in Weinbrand legen, die Mandeln mit kochendem Wasser abbrühen und schälen, Rosinen und Korinthen waschen.

Am nächsten Tag die Hälfte des Schwarzbrotteigs in die mit Mehl bestäubte Backschüssel geben. Die vorbereiteten Zutaten und die Gewürze bis auf die Mandeln und die Nüsse behutsam darunterkneten, zuletzt die geschnittenen Nüsse sowie die ganzen Mandeln hinzugeben und an einem warmen Ort ca. 1 Stunde gehen lassen. Auf einem mit Mehl bestäubten Backbrett den restlichen Brotteig fein auswellen, in zwei Hälften teilen, mit Kletzensaft bestreichen, die Fruchtmasse daraufgeben und gut einschlagen. Zugedeckt nochmals ca. 30 Minuten gehen lassen. Mit Kletzensaft bestreichen und mit einer Gabel vorsichtig einstechen.
Das Kletzenbrot in die Mitte des Rohres schieben. Wasser unterstellen.
Bei 180 Grad im vorgeheizten Ofen ca. 75-80 Minuten backen.

Holunderpunsch

½ Liter Holundernektar leicht gesüßt, 2 Nelken, 1 Stange Zimt, 2 Esslöffel Zucker und ¼ Liter Rotwein erhitzen. 2 Gläschen Weinbrand zugeben, abseihen. Heiß trinken.

Zupfkuchen

230 Gramm Weizenmehl 405
1 Teelöffel Backpulver
100 Gramm Zucker
1 Esslöffel Vanillezucker
1 Teelöffel Zitronensaft
1 Prise Salz
100 Gramm Butter

Für die Füllung:
4 Eier
500 Gramm Quark
250 Gramm Butter
200 Gramm Zucker
2 Esslöffel Vanillezucker
1 Päckchen Vanillepudding

Aus oben benannten Zutaten einen Mürbteig herstellen und kalt stellen.
Mit zwei Dritteln des Teiges eine Springform auslegen.

Aus dem Eiweiß einen steifen Schnee schlagen und diesen unter den Quark ziehen. Nun Butter und Zucker schaumig rühren, Eigelb, Vanillezucker und Puddingpulver zugeben und anschließend unter die Quarkmasse heben. Die Quarkmasse in die ausgelegte Springform füllen und den Rest des Teiges in kleinen Flöckchen daraufzupfen.
Wer das Ganze fruchtig möchte, kann Pfirsiche oder Äpfel auf den Boden legen und dann erst die Quarkmasse einfüllen.

Eine Stunde bei 180 Grad backen und in der Form auskühlen lassen.

Gewürzschnitten

250 Gramm Butter
250 Gramm Zucker
2 Esslöffel Vanillezucker
6 Eier
1 Fläschchen Rum-Aroma
1 gestrichener Teelöffel Zimt
1 Messerspitze Nelken
200 Gramm Weizenmehl 405
100 Gramm Maisstärke
40 Gramm Kakao
4 gestrichene Teelöffel Backpulver
1 Glas Aprikosenmarmelade
100 Gramm Zartbitterschokolade
1 Würfel Palmfett

Die Butter schaumig rühren und nach und nach Zucker, Vanillezucker, Eier, Rum und Gewürze zugeben. Das mit Maisstärke, Kakao und Backpulver gemischte Mehl unterrühren.
Den Teig auf ein mit gefettetem Backpapier belegtes Blech streichen.
Backzeit: 15 bis 20 Minuten bei 175 Grad.
Nach dem Backen gleich auf ein mit Zucker bestreutes Papier stürzen. Das Backpapier sofort abziehen, mit Aprikosenmarmelade bestreichen und erkalten lassen.
Für den Guss die Zartbitterschokolade im Palmfett zergehen lassen. Die Masse auf das kalte Gebäck streichen.

Birnen-Topf-Kuchen

½ Becher Zucker
3 Birnen
100 Gramm Butter

In einem Topf der für den Backofen geeignet ist, den Zucker langsam karamelisieren lassen.
Nun die Birnen schälen, in Spalten schneiden und in der Karamelmasse schön einlegen. Butterflocken darauf und den Rand auch noch mit Butter einschmieren.

Teig:
1 Becher Sahne
⅔ Becher Zucker
1 Päckchen Backpulver
4 Eier
2 Becher Weizenmehl 405
ca. 150 Gramm Amarettinis

In einem Topf einen halben Becher Zucker langsam karamelisieren.
Als erstes die Sahne fest aufschlagen, dann Zucker, Backpulver und Eier hinzugeben. Nun noch das Mehl dazugeben und die zerbröselten Amarettinis unterheben.

Nun diese Masse auf die eingelegten Birnen streichen. Bei 200 Grad Ober-/Unterhitze ca. 50 Minuten backen und anschließend noch heiß auf eine Platte stürzen.

Müllerspruch:

Du sollst nicht zum Pfande nehmen den oberen oder unteren Mahlstein.

Wintermärchen

Wenn ich ein Märchendichter wäre, dann dichtete ich so:

Es war einmal ein Gärtner, der jedes Jahr nach den Wünschen seiner Fürstin, der er untertan war, den Schlossgarten bestellte. Jeden Morgen um die gleiche Stunde wählte sie mit ihm aus der Fülle heimischer und fremder Blumen diejenigen mit den verführerischsten Düften aus, alle duftlosen Blüten aber musste er den fremden Herrschern, welche die Fürstin durch diese Blumengeschenke zu gewinnen suchten, wieder zurücksenden. Sie wollte sich näm-

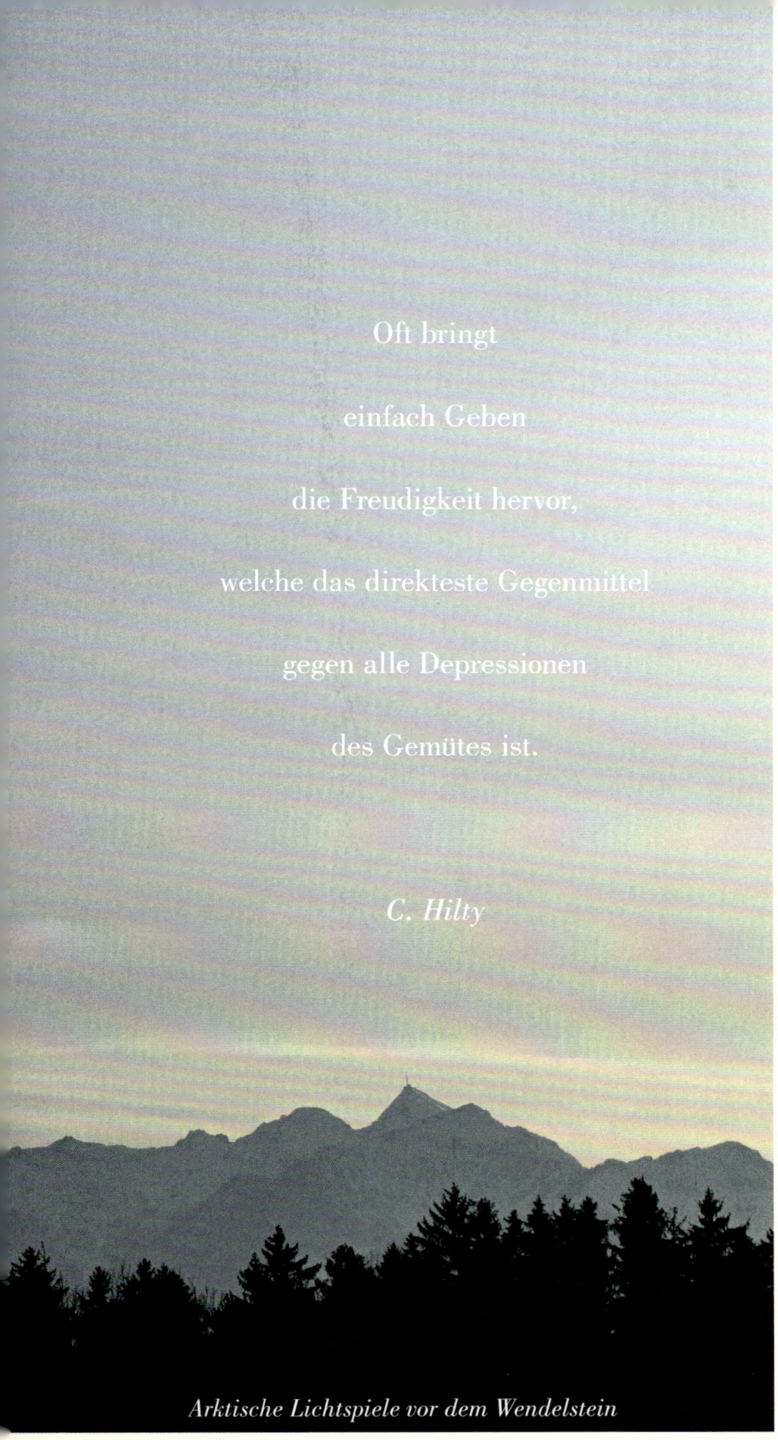

Oft bringt

einfach Geben

die Freudigkeit hervor,

welche das direkteste Gegenmittel

gegen alle Depressionen

des Gemütes ist.

C. Hilty

Arktische Lichtspiele vor dem Wendelstein

lich dem vermählen, der ihr die Blume mit dem eigenartigsten und herrlichsten Duft der Welt senden würde. Doch niemand fand diese Wunderblume. Jeder Gast aber, der den seltsamen Schlossgarten betrat, war bald berauscht von der Schönheit dieser Blumenwelt.

Die Nase des Gärtners wurde im Lauf der Jahre so fein und empfindlich, dass er nirgends als in diesem Garten zu leben vermochte. Die Fürstin ließ ihm ein kleines Haus an der Ostseite des Gartens bauen, damit er bei Sonnenaufgang vom Blumenduft geweckt werde und schon in den ersten Morgenstunden bei seinen Geschöpfen sein konnte.

Jedes Jahr aber wurde der Gärtner im Herbste von Tag zu Tag trauriger. Nicht, weil seine Blumen nun verblühten und ein Blatt nach dem anderen zur Erde fiel, sondern weil die Düfte immer schwächer wurden, weil er immer im November spürte, dass kein Hauch mehr in der Luft lag, an dem sich seine Nase hätte erfreuen können. So ging er denn traurig jedes Jahr um diese Zeit in sein Haus und verbrachte den Winter freudlos.

Die Fürstin sah sich das eine gute Weile mit an, dann hatte sie einen klugen Gedanken: Sie erschien eines Morgens Anfang Dezember im Hause des traurigen Gärtners und führte den Widerstrebenden mit sanfter Gewalt in die Schlossküche. Was nun geschah, war so überraschend, dass alle Köche und Küchenjungen, die gerade mit der Weihnachtsbäckerei beschäftigt waren, die Lebkuchen im Ofen verbrennen ließen: Der Schlossgärtner sank nämlich auf einen Stuhl, verdrehte die Augen, steckte die Nase weit in die Luft und sog so ausdauernd und sehr vernehmlich den Duft ein, dass man glauben konnte, er sei nicht mehr ganz bei Verstand. Erst der fremde Geruch der angebrannten Kuchen brachte die ganze Gesellschaft wieder zur Besinnung, und von Stund an gebrauchte nun der gewandte Gärtner während der Wochen vor Weihnachten Model und Glasurpinsel genau so geschickt wie die Weihnachtsbäcker selbst, und der Duft der Honigkuchen und Zimtsterne wurde ihm mit der Zeit ebenso lieb wie der seiner Rosenbeete … *Hans Karl Adam*

Dinkelgebäck

150 Gramm Butter
125 Gramm Dinkelvollkornmehl
125 Gramm Dinkelweißmehl
75 Gramm Zucker
1 Ei
75 Gramm gemahlene Nüsse
Vanille- und Zitronenaroma

Zutaten zu einem Teig kneten und kalt stellen. Runde Plätzchen und Ringe ausstechen, bei Mittelhitze (180 Grad) backen. Die Plätzchen mit säuerlicher Marmelade füllen.

Mürbeteig
gelingt prima mit Dinkel. Der Teig wird allenfalls ein wenig klebriger. Tipp für die Weihnachtsbäckerei: Mit Dinkelmehl werden Vanillekipferl besonders locker und nussig.

Vanillekipferl

100 Gramm Dinkelmehl 630
150 Gramm abgezogene Mandeln gemahlen
150 Gramm Butter
1 Eidotter
Vanillezucker (Bourbonvanille)
70 Gramm Zucker
200 Gramm Puder-/Vanillezuckergemisch

Alle Zutaten zu einem Teig kneten und etwa 1 Stunde kalt stellen. Den Teig von Hand zu einer „daumendicken" Rolle formen und davon 3 cm breite Stücke abschneiden. Die Stücke mit den Fingerspitzen von außen her dünn in Form rollen. Die geraden Kipferl vorsichtig biegend aufs Backpapier setzen. Bei Mittelhitze (180 Grad) backen.
Die Spitzerl sollten nur ganz leicht braun sein. Nun aus dem Ofen nehmen und noch heiß mit dem Vanille-Puderzucker bestäuben.

Hannis Lebkuchen

250 Gramm Honig
250 Gramm Zucker
2 Eier
etwas geriebene Zitronenschale
500 Gramm Weizenmehl 405
2 gestrichene Teelöffel Lebkuchengewürz
200 Gramm gemahlene Nüsse
5 Gramm Hirschhornsalz

Den Honig erwärmen und mit dem Zucker verrühren. Wenn dieses etwas abgekühlt ist, die Eier, die geriebene Zitronenschale, 375 Gramm Mehl und das Lebkuchengewürz zugeben. Diese Masse einen Tag ruhen lassen. Nun das restliche Mehl, die Nüsse und das Hirschhornsalz unterarbeiten und zu einem geschmeidigen Teig verkneten. Anschließend den Teig ausrollen und Lebkuchen ausstechen.
Backen: Mittelhitze (ca. 180 Grad), bis eine leichte Bräunung eintritt.

Glasur:
2 Eiklar
300 Gramm Puderzucker
Saft von 1 Zitrone
Eiklar, Zucker und Zitronensaft rühren, bis eine dicke, weiße Glasur entsteht. Nach dem Erkalten die Lebkuchen dick mit dieser Glasur bestreichen.

Lebkuchen

750 Gramm Rohrzucker
500 Gramm Honig
250 Gramm Butter
6 Eier
zu einer Schaummasse verarbeiten.

500 Gramm Nüsse
200 Gramm Zitronat klein mahlen
100 Gramm Orangeat klein mahlen
1 kleine Flasche Bittermandelöl
1 Esslöffel Zimt
1 Teelöffel Nelken
1 Lebkuchengewürz
1 Esslöffel Kakao
1 Kilogramm Dinkelvollkornmehl
4 Esslöffel Öl
¼ Liter Bohnenkaffee (kalten Kaffee verwenden)
10 Gramm Hirschhornsalz damit auflösen,
der Schaummasse zugeben, verrühren.

Über Nacht stehen lassen, auf Oblaten streichen,
2 Stunden antrocknen lassen.
Backen: bei 200 Grad 15 Minuten
Mit Vollmilchschokolade bestreichen.

Müllerspruch:

Die Müllergesellen schlagen sich, heißt es, wenn die Schneeflocken durcheinander tanzen.

Walnussbissen

400 Gramm Dinkelmehl 630
1 Ei
1 Prise Salz
3 Tropfen Bittermandelöl
1 Messerspitze Kardamom
1 Esslöffel Rum
200 Gramm Butter
200 Gramm Zucker
165 Gramm geriebene Walnüsse

Für Füllung und Glasur:
100 Gramm Orangenmarmelade
400 Gramm Puderzucker
4 Glas (80 Milliliter) Rum
etwa 170 Walnusshälften (ca. 250 Gramm)

Müllerwissen
Vermahlen wird in der Mühle nur einwandfreies Grundgetreide. Dazu muss das Korn von allen Fremdbestandteilen wie Stroh, Steine, Eisen, Unkrautsamen und Mutterkorn mühlengereinigt werden.

Mehl auf ein Backbrett oder in eine flache Schüssel geben. In die Mitte ein Mulde drücken. Da hinein kommen Ei, Salz, Bittermandelöl, Kardamom und Rum. Butter in Flöckchen drumherum verteilen. Zucker und geriebene Walnüsse darüberstreuen. Von außen nach innen schnell einen glatten Teig kneten. Mindestens 30 Minuten in den Kühlschrank stellen. Dann auf bemehlter Arbeitsfläche ½ cm dick ausrollen. Plätzchen von 3 cm Durchmesser ausstechen. Auf ein ungefettetes Backblech legen. In den vorgeheizten Ofen auf die mittlere Schiene schieben.

Backzeit: 10 Minuten, Elektroherd: 200 Grad

Die Plätzchen aus dem Ofen nehmen. Etwas abkühlen lassen. Die Hälfte der Plätzchen mit Orangenmarmelade bestreichen. Jeweils ein zweites Plätzchen daraufsetzen. Erkalten lassen.

Für die Glasur Puderzucker mit Rum in einer kleinen Schüssel verrühren. Plätzchen damit überziehen. In den noch nicht ganz fest gewordenen Guss je eine Walnusshälfte drücken. Guss hart werden lassen.

Christstollen

Zutaten ergeben 3 Stück.

24 Stunden vorher:
200 Gramm Zitronat
200 Gramm Orangeat
300 Gramm gestiftelte Mandeln
300 Gramm Weinbeeren
500 Gramm Sultaninen
Alles in eine Schüssel geben,
gut mit Rum beträufeln und ziehen lassen.

1400 Gramm Weizenmehl 405
100 Gramm Maronimehl
3 Päckchen Backpulver
600 Gramm Zucker
6 Eier
750 Gramm trockenen, durch ein Sieb gestrichenen Quark
etwas abgeriebene Zitrone (oder Zitronenpulver)
125 Gramm Butter
2 Teelöffel Lebkuchengewürz

Mehl mit Backpulver mischen und kranzförmig auf den Tisch oder ein Backbrett geben. In die Mitte gibt man Zucker, Eier, Quark, Zitrone und in kleine Stückchen zerpflückte Butter.
Alle Zutaten von der Mitte her mit den Fingern verrühren, zusammenkneten und das Lebkuchengewürz dazugeben.
Nun die Vorteigmasse unter den Teig kneten.
Den Teig dritteln, leicht ausrollen und einmal überschlagen.
Nicht gehen lassen!

Ca. 1 Stunde backen, abkühlen lassen, in Plastikbeutel kühl lagern.
Ca. 3 Wochen vor Weihnachten backen.

Quarkstollen

300 Gramm Butter
225 Gramm Zucker
3-4 Eier
5 Tropfen Zitronenöl
Schale einer Orange
5 Esslöffel Rum
500 Gramm Quark (sehr gut abgetropft)
750 Gramm Mehl (Dunst)
1½ Päckchen Backpulver
je 1½ Messerspitze Zimt, Kardamom (Piment)
15 Gramm Vanillezucker
200 Gramm Mandeln geschält und gerieben
100 Gramm Orangeat (fein gehackt)
200 Gramm Weinbeeren

Butter, Zucker, Eier schaumig rühren, Zitronenaroma, geriebene Orangenschale, Rum und Quark dazugeben.
Mehl, Backpulver, Gewürze, Vanillezucker, Mandeln und Orangeat in einer großen Schüssel mischen und die Schaummasse draufgeben, dann alles zusammenkneten. Zuletzt die bemehlten Weinbeeren unterarbeiten.
Backzeit: Bei 170 Grad 60 Minuten auf unterer Schiene und 5 Minuten nachbacken.

Noch heiß mit zerlassener Butter bepinseln und mit Puderzucker bestreuen. Ergibt 2 große Stollen.

Wilhelm Busch :

Max und Moritz
wird es schwüle,
denn nun geht es
nach der Mühle.
Meister Müller,
he, heran!
Mahl' er das,
so schnell er kann!
Her damit! – Und
in den Trichter
schüttelt er die
Bösewichter.
Rickeracke!
Rickeracke! Geht
die Mühle mit
Geknacke.

Dresdner Weihnachtsstollen

150 Gramm Orangeat
150 Gramm Zitronat
100 Gramm gehackte Mandeln
250 Gramm Rosinen
250 Gramm Korinthen
50 Milliliter Rum
1 Kilogramm Weizenmehl 405
2 Päckchen Hefe
175 Gramm Zucker
1 Teelöffel Salz
1 kleiner Löffel Muskatblüte
2 Schalen von großen Zitronen
1 Fläschchen Bittermandelöl
3 Esslöffel Vanillezucker
3/8 Liter Milch
350 Gramm Butter
1 Eiklar
50 Gramm Butter für das Blech
65 Gramm Butter zum Einstreichen
100 Gramm Puderzucker

Die Herstellung eines Christstollens im eigenen Haus dauert einen halben Tag. Diese Zeit lässt sich nicht verkürzen, und jeden Versuch, ihn so nebenbei mitzubacken, merkt man ihm später an.

Wir stellen alle Zutaten schon am Tag vorher zurecht, damit alles gleichmäßig durchwärmt ist. Wir schneiden zuerst das Orangeat, dann Zitronat und die geschälten Mandeln klein. Verlesen die Rosinen und Korinthen und reiben sie mit einem trockenen Tuch, geben sie zusammen in eine Schüssel, übergießen sie mit Rum und lassen sie zugedeckt ziehen.

Erst dann beginnen wir mit dem Teig.

Dazu sieben wir 250 Gramm Mehl in eine tiefe Schüssel, machen eine Mulde und geben die Hefe hinein, die wir mit ein wenig Zucker glattrühren. Wir decken den Teig mit einem Tuch zu und lassen ihn 15-30 Minuten gehen.

Währenddessen geben wir das restliche Mehl auf ein Backbrett, würzen es mit einem Teelöffel Salz, einem gestrichenen Teelöffel gemahlener Muskatblüte, der abgeriebenen Zitronenschale, dem Bittermandelöl, etwa 3 Esslöffel Vanillezucker und geben dann den Zucker und die handwarme Milch hinzu. Nun kneten wir alles zusammen, mengen auch den Hefeteig darunter und kneten weiter, geben aber nur so viel Mehl hinzu wie unbedingt nötig.

Bei normalem Mehl kommen wir mit der angegebenen Menge gut aus, der Teig muss sehr fest und zäh sein. Wenn er gut vermengt ist und zusammenhält, breiten wir ihn ein wenig aus, geben 350 Gramm nicht zerlassene, aber geschmeidige Butter in nussgroßen Stückchen darüber und kneten eine gute halbe Stunde lang mit dem Handballen weiter. Wenn der Teig an der Oberfläche glänzend wird (geschmeidig geworden ist), kneten wir die vorbereiteten, mit einem Esslöffel Mehl vermengten Rosinen, Korinthen, Zitronat, Orangeat und Mandeln hinein. Hierzu dürfen wir aber höchstens 5 Minuten brauchen, da sonst leicht das oft sehr weiche Zitronat zerdrückt wird und der Stollen dadurch bräunlich werden kann.

Nun geben wir den Teig in eine bemehlte Schüssel, decken ihn mit einem Tuch zu und lassen ihn im warmen Raum 2 Stunden aufgehen.

Nach dieser Zeit muss er sich zwar nicht wie ein leichter Hefeteig verdoppelt haben, aber doch so aufgehen, dass es gut zu bemerken ist. Nun kneten wir ihn nochmals ganz kurz durch und rollen ihn mit dem Nudelwalker (Nudelholz) zu einer ovalen Teigplatte aus, die etwa 45 cm lang und 25 cm breit sein soll.

Wir bepinseln ihn mit Eiklar und „wickeln" ihn nun, wie man ein Kind wickelt: Schlagen also zuerst die eine und dann die andere Hälfte bis zur Mitte ein, so dass die beiden Teigränder aufeinanderliegen und in der Mitte eine Erhöhung bilden.
Nun legen wir den Stollen diagonal auf ein mit einem gut gebutterten Pergamentpapier ausgelegtes Backblech. Lassen ihn nochmals 2 Stunden gehen. Jetzt können wir ihn endlich backen!

Dazu heizen wir das Rohr sehr gut vor, schieben ihn möglichst weit unten hinein und backen ihn zunächst bei heißer Temperatur eine ¼ Stunde, dann bei mäßiger Temperatur eine ganze Stunde. Also insgesamt fünf Viertelstunden lang, aber nicht länger. Unbedingt nach der Uhr backen. Wenn der Stollen gar ist, nehmen wir ihn aus dem Rohr, schieben ihn mit dem Pergamentpapier vorsichtig auf ein Kuchengitter, bepinseln ihn mit der restlichen flüssigen Butter mehrere Male und bestreuen ihn sehr dick mit Puderzucker.

Wir lassen ihn auf dem Kuchengitter zunächst einen ganzen Tag lang gründlich auskühlen und bewahren ihn dann immer in ein Pergamentpapier eingewickelt kühl, jedoch nicht zu trocken auf. Der Stollen hält sich dann 3-4 Wochen und schmeckt immer besser!

Backzeit: 5/4 Stunden – die ersten 10 Minuten 220 Grad, dann 180 Grad

14 Tage vor Weihnachten backen!

Das flinke Eichkatzerl auf der Suche nach seinen Wintervorräten

Mandelplätzchen

100 Gramm geschälte Mandeln
50 Gramm Schokolade
250 Gramm Dinkelmehl 630
70 Gramm Zucker
1 Prise Salz
1 Esslöffel Rum
200 Gramm Butter oder Margarine

Zum Bestreichen:
2 Eigelb
80 Gramm gehackte Mandeln

Die Mandeln durch die Mandelmühle drehen; dann die gut gekühlte Schokolade fein reiben. Das Mehl auf die Arbeitsfläche geben.

Den Zucker, das Salz, die gemahlenen Mandeln, die Schokolade daraufstreuen und den Rum darüberträufeln. Mit den Butter- oder Margarineflöckchen belegen. Alles rasch verkneten und zu einer Teigkugel formen.
In Alufolie verpackt 60 Minuten in den Kühlschrank legen.
Den Teig auf dem bemehlten Backbrett mit einem Nudelholz 3 mm dick ausrollen.
Runde Plätzchen mit gezackten Rändern (Durchmesser 3 cm) ausstechen und auf ein ungefettetes Backblech legen. Mit den verquirlten Eigelben bestreichen und mit den gehackten Mandeln bestreuen.
In dem vorgeheizten Ofen auf der mittleren Schiene backen.

Backzeit: 8 Minuten, Elektroherd: 200 Grad, Gasherd: Stufe 3

Vom Wein

Wenn auf einem Boden, der für Getreide fruchtbar ist, Wein wächst, so ist dieser für kranke Leute zum Trinken bekömmlicher wie ein Wein, der auf obstbringendem Boden wächst, also auf solchem, der nur mäßig Getreide hervorbringt, auch wenn solcher Wein schätzenswerter ist wie jener. Denn der Wein heilt und erfreut den Menschen mit seiner gesunden Wärme und seiner großen Kraft.

> Deshalb soll ein Mensch, der sehr guten, starken Wein trinken will, diesen mit Wasser vermischen, damit seine Kraft und Wärme etwas vermindert und gemäßigt wird.

Versöhnungswein

Nach einem Streit koche man gemeinsam „Versöhnungswein". Den besten Wein des Hauses in einen Topf geben und ein Weilchen köcheln lassen, dann eine kleine Menge Wasser zugeben und heiß trinken. Der Zorn ist anschließend wie verflogen!

Meine Buben auf der Riesenschneekugel

Schneeballen

250 Gramm Butter
10 Eier
6 Esslöffel Zucker
3 Esslöffel Schnaps
Mehl nach Bedarf
1/8 Liter süßer Rahm
1 Prise Salz

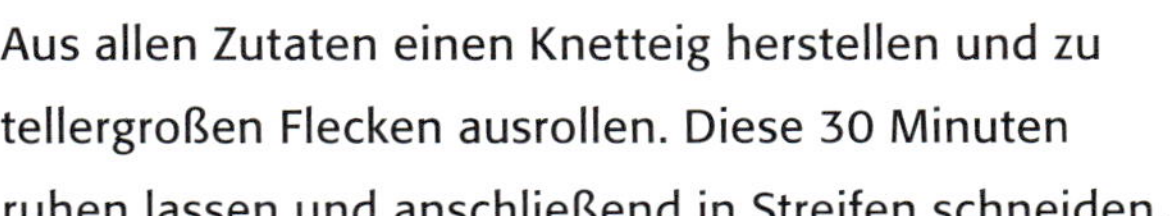

Aus allen Zutaten einen Knetteig herstellen und zu tellergroßen Flecken ausrollen. Diese 30 Minuten ruhen lassen und anschließend in Streifen schneiden.

Die Streifen mit dem Kochlöffel aufnehmen und in ein Schneeballeisen geben. Dann in Fett schwimmend hell ausbacken und mit Puderzucker bestreuen.

Dinkel-Dattel-Makronen

125 Gramm Butter
250 Gramm kernige Dinkelflocken
250 Gramm Datteln
2 Eier
100 Gramm Rohrzucker
1 Päckchen Vanillezucker

Butter erhitzen, kernige Dinkelflocken unterrühren, rösten und abkühlen lassen. Datteln entkernen und zerkleinern.

Eier, Zucker und Vanillezucker verrühren, Datteln und geröstete Dinkelflocken dazugeben und gut vermischen.

Mit 2 Teelöffeln kleine Häufchen formen, auf ein gefettetes Blech geben und im vorgeheizten Ofen bei ca. 175 Grad 20 Minuten backen.

Spritzgebäck

250 Gramm gemahlene Nüsse
400 Gramm Zucker
2 Päckchen Vanillezucker
500 Gramm Butter
1 Kilogramm Dinkelmehl 630
3 Eier

Zutaten zu einem glatten Teig kneten. Mit Vorsatz von Fleischmaschine Spritzgebäck formen als ‚S', Ringe oder Stangerl. Vorsichtig auf Blech legen. In vorgeheiztem Ofen bei Mittelhitze (190 Grad) hellgelb backen.

Marderspuren in frisch gefallenem Schnee

Vollkornkipferl

125 Gramm Weizenvollkornmehl
125 Gramm Hirse
140 Gramm gekühlte Butter
85 Gramm geriebene Mandeln
1 Eigelb
1 Prise Salz
1½ - 2½ Esslöffel Rapadura-Vollrohrzucker
1 - 2 Teelöffel Vanillezucker

Weizen und Hirse fein vermahlen und die Butter in Flöckchen darauf verteilen. Mandeln, Eigelb, Salz, Rapadura und Vanille zugeben und zu einem glatten Teig verkneten.
Zugedeckt im Kühlschrank ca. 1 Stunde ruhen lassen. Anschließend wird der Teig zu einer Rolle von 2 - 3 cm Durchmesser geformt.

Den Backofen auf 180 Grad vorheizen. Kleine Stücke von 3 cm Länge abschneiden, rollen und zu Hörnchen formen.
Auf einem ungefetteten Blech ca. 15 - 20 Minuten bei 180 Grad backen.

Vanillezuckerl

280 Gramm Zucker werden mit ½ Stange Vanille gestoßen und durchgesiebt.

Der steif geschlagene Schnee von 4 Eiweiß wird mit dem Zucker verrührt und etwas Zitronensaft dazugegeben.

Dann werden mit einem Löffel kleine Häufchen auf ein Backpapier gesetzt und diese im ausgekühlten Backrohr getrocknet.

Gewürzte Fruchtschnitten

3 Eier
150 Gramm Zucker
1 Teelöffel Zimt
1 Messerspitze Nelken
3 Gramm Hirschhornsalz
125 Gramm Nüsse
250 Gramm Weizenmehl 405
200 Gramm Zitronat
200 Gramm Orangeat
100 Gramm geschnittene Aprikosen oder Feigen
Puderzucker
2 - 3 Teelöffel Rum oder Arrak

Eier, Zucker und Gewürze zu einer Schaummasse rühren, die restlichen Zutaten daruntermengen (der Teig sollte etwas streng sein). Diesen mit einem flachen Messer auf ein Blech streichen, ergibt gut ½ Blech.

In zweiter Schubleiste von unten bei 175 - 180 Grad 20 Minuten und 5 Minuten ohne Strom (Nachwärme) goldbraun backen, mit Puderzucker bestreuen und mit Rum oder Arrak bestreichen.
Noch warm in Streifen schneiden.

Müllerspruch:

Panem nostrum
quotidianum
da nobis hodie

Unser
täglich Brot
gib uns heute

Apfelbrot

700 Gramm Äpfel (Boskop)
200 Gramm brauner Zucker
200 Gramm Rosinen

Die Äpfel raspeln und mit dem Zucker und den Rosinen mischen. Dieses ca. 1 Stunde stehen lassen, bis die Masse Saft zieht.

500 Gramm Dinkelmehl 630
1 Päckchen Backpulver
1 Teelöffel Zimt
1 Esslöffel Kakao
1 Messerspitze gemahlene Nelken
½ Päckchen Lebkuchengewürz

Das gesiebte Dinkelmehl und die restlichen Zutaten mit der Apfelmasse verkneten (Mixer bzw. Küchenmaschine).

120 Gramm ganze Nüsse
120 Gramm ganze Mandeln
zur Teigmasse hinzu fügen und mindestens 5 Minuten gut durchkneten.
Den Teig in zwei kleine gefettete Kastenformen geben.

Bei 160 Grad Ober-/Unterhitze ca. 60 bis 80 Minuten backen.

Am besten schmeckt es mir mit Butter bestrichen.

Zimtbrot

500 Gramm Zucker und
7 Eier schaumig rühren.
700 Gramm Mandeln, ungeschält, gehobelt und auf einem Backblech bei kleiner Hitze leicht geröstet,
2 abgeriebene Zitronen,
60 Gramm fein gewürfeltes Zitronat,
20 Gramm Zimt,
1 Messerspitze Nelkenpulver,
800 Gramm Dinkelmehl 630 und
1 Päckchen Backpulver der Schaummasse beifügen.
Den Teig auf dem Brett gut kneten.
Daraus zwei bis vier lange Rollen formen und auf gefettete Bleche legen.
Bei 200 Grad schön hellbraun backen. Etwas auskühlen lassen, dann mit scharfem Messer Scheiben von 1 cm Dicke schneiden, diese auf das Blech legen und bei 200 Grad auf beiden Seiten goldbraun rösten wie Zwieback oder Toast.

Apfel-Früchte-Kuchen

1½ Kilogramm Äpfel reiben
500 Gramm Rosinen
500 Gramm Feigen
500 Gramm Zucker
Zimt, Piment, Nelken
2 Esslöffel Kakao
⅛ Liter Rum
Haselnüsse nach Belieben – alles zu einem Teig vermengen und über Nacht ruhen lassen.

1 Kilogramm Weizenmehl 405
2 Päckchen Backpulver sieben
2 Eier – dem Teig hinzufügen und diesen durcharbeiten, bis er glatt ist.
Daraus 3 Wecken formen und den Teig mit Mandeln verzieren.
1 Stunde 40 Minuten bei 180 Grad Backzeit; je nach Größe der Wecken auch weniger.

Apfel-Nuss-Kuchen

200 Gramm Butter
250 Gramm Rohrzucker
1 Messerspitze Vanille
1 Prise Salz
3 Eier
1 - 2 Teelöffel Zimt
300 Gramm Weizenmehl 550
2½ gestrichene Teelöffel Backpulver
100 Gramm grob gehackte Walnüsse
350 Gramm geschälte, geraspelte Äpfel

Guss nach Belieben:
100 Gramm Puderzucker
1 Esslöffel Rum

Butter schaumig rühren, Zucker, Vanille und Salz hinzufügen. Ein Ei nach dem anderen unterrühren, den Zimt hinzufügen und so lange weiterrühren, bis der Zucker gelöst ist.

Mehl und Backpulver mischen und kurz unterrühren. Zuletzt die gehackten Walnüsse und die geraspelten Äpfel unterheben.

Teig in eine gefettete Springform füllen und backen.

Elektroherd: ca. 80 Minuten bei 180 Grad
Gasherd: ca. 80 Minuten bei Stufe 2

Müllerspruch:

Ist der Mühlengraben trocken, ist der Mehlkasten leer.

„Jochen schafft es“!

Weihnachten und Schnee, die beiden Dinge gehören zusammen wie Berg und Tal oder wie der Förster und sein Dackel.
Und heute war ein herrliches Schneegestöber. Die Mutter hatte gerade die Tür hinter sich geschlossen und war zur Arbeit gegangen. Auch heute am Tage des Christabends musste sie in das Geschäft gehen. Aber das passte Jochen gut in seinen Plan. Schnell zog er sich an, nahm sein sorgfältig geschnürtes Paket unter den Arm und eilte, nachdem er mit dem Küchenmesser aus dem Schlitz seines Spartopfes einige Groschen heraus geangelt hatte, zum nahen Bahnhof. Dort löste er eine Vorortkarte zur Endhaltestelle der Stadtbahn und fuhr vergnügt und unternehmungsfroh in den grauenden Wintertag hinein.
In der Nähe des Bahnhofes waren schon einige Pfade getreten, aber auf der Landstraße zeichneten seine kleinen Stiefel die erste Spur in die reine Schneefläche. Er war der erste frühe Wanderer.
Nach einer Weile überholte ihn ein Leiterwagen. Der Kutscher fragte ihn wohin er wolle.
„Zum Bauern“, antwortete Jochen, „ein Pfund Mehl eintauschen.“ „So, so ein ganzes Pfund!?“, brummelte der Mann, „na, dann steig man auf, zu dem Bauern will ich auch.“ Er reichte Jochen eine Hand und zog ihn neben sich auf den Bock.
Bald bogen sie von der Straße ab auf einen Feldweg. Sie kamen durch einen stillen, tief verschneiten Wald. Jochen wurde ganz feierlich zumute, aber als ein Reh vor ihnen auf den Weg trat, dem herankommenden Gefährt mit sanften Augen entgegensah und dann langsam weiterging, da wollte er aussteigen und es streicheln.
„Anfassen lässt es sich nicht“, sagte der Mann, „aber sieh mal, wie hübsch es ist und gar nicht scheu.“
Hinter dem Walde lag am Fuße eines mit Tannen bewachsenen Hügels ein Gehöft, vor dem das Pferdchen von selbst stehen blieb. Eine junge Frau kam heraus. Der Kutscher – es war der Knecht, der zu diesem Gehöft gehörte – hob Jochen vom Bock und sagte: „Bäuerin, ich hab dir einen kleinen Gast mitgebracht.“ Die Bäuerin nahm ihn gleich mit in die warme Stube, half ihm aus seinem Mäntelchen, fragte wie er heiße und woher er komme und hatte bald seine kleine Geschichte erfahren.
Jochens Mutter fehlte das Mehl für den Weihnachtskuchen, und Jochen hatte sich heimlich vorgenommen, es zu beschaffen. Aber er kam nicht als Bettler, oh nein! Er hatte etwas zum Tauschen mitgebracht. Und voller Stolz wickelte er aus dem geheimnisvollen Paket ein Holzpferdchen mit Wagen und Ladung aus, sein liebstes, fast neues Spielzeug. Die Bäuerin war gerührt über den kleinen siebenjährigen Stadtjungen. Sie sagte, sie habe auch so einen kleinen Jungen; der sei aber heute bei seiner Großmutter im Nachbardorf und sie führe nach Tisch mit dem Knecht zur Weihnachtsfeier dorthin. Und so plauderten sie noch mancherlei, bis Jochen nach dem Mittagessen glücklich mit einem ziemlich großen Paket, das ihm die Bäuerin geschenkt hatte, denn sein Holzpferdchen nahm sie natürlich nicht, abzog. Heini, der zehnjährige Sohn des Nachbarn, führte ihn einen Richtweg durch den Wald. Er hatte es eilig, weil er rechtzeitig zur Bescherung zurück sein wollte. Obwohl er ihm sein Paket abgenommen hatte, konnte Jochen mit seinen kurzen Beinen kaum Schritt halten. Große Schneeflocken sanken

lautlos vom diesigen Winterhimmel herab. Die Tannen hatten sich mit dicken Pelzen zugedeckt und der Schnee fiel immer dichter. Frau Holles Bett musste ein tüchtiges Loch haben, dass so viel Daunen auf einmal herunter kommen konnten.
Als sie an die Straße kamen, die zum Bahnhof führte, dunkelte es schon. Heini kehrte um, und Jochen ging mit seinem Paket unter dem Arm eilig allein weiter. Der Schnee fiel immer noch gleich dicht und nass. Vom hastigen Nebenherlaufen waren ihm seine Beinchen so müde geworden, dass er sich unbedingt einmal ausruhen musste. Er setzte sich auf einen Stein am Wege. Gott, wie müde er war!
Ganz ruhig saß er, die Gaben der Bäuerin auf den Knien, und sah gleichmütig zu, wie sich die nassen Schneeflocken auf seinen Knien, dem Paket und seinen Händen schichteten. Die Augen fielen ihm zu, sein Kinn sank auf die Brust - er schlief. Und wer weiß, ob er rechtzeitig für die letzte Bahn wieder aufgewacht wäre ....
Aber es war ja Christabend, da geschehen noch Wunder, und außerdem haben Kinder ihren Schutzengel. Jochens Schutzengel hieß Paul Schulze und saß am Steuer eines Fernlasters, eines jener großen Landstraßenungetüme mit Holzgasantrieb und Anhänger.
Der Fahrer Schulze glaubte nicht recht zu sehen, als er den kleinen schlafenden Schneemann auf dem Stein an der Straße erblickte. Er hielt an, stieg aus und schüttelte Jochen, dass der Schnee in großen Placken von Mütze und Schultern flog. Der so schroff in die rauhe Wirklichkeit zurückgerufene Jochen bekam ganz blanke Augen, als er den riesigen Lastwagen sah und ihm der Fahrer sagte, er könne mitfahren. – Es war herrlich, vorn neben dem Fahrer im windgeschützten warmen Gehäuse zu sitzen, den brummenden starken Motor vor sich, und auf die im Scheinwerferlicht wirbelnden Schneeflocken zu starren. Die Bäume und Straßenmasten huschten gespenstisch vorbei und in den Dörfern, durch die sie fuhren, waren die Fenster von strahlenden Weihnachtsbäumen erhellt, Jochen malte sich die Freude seiner Mutter aus, wenn er ihr das Mehl für den Weihnachtskuchen in die Hände legen würde. Der gemütliche Fernfahrer holte seine Wärmflasche mit Kaffee hervor und ein paar Stückchen Kuchen. Es wurde redlich geteilt, wie es bei Fernfahrern üblich ist.
Das war alles wunderschön, und wunderschön war es auch, dass der große Lastzug schließlich auf der Straße vor Jochens Wohnung hielt. Herr Schulze musste sowieso durch diese Straße und – oh, Christabendwunder! – auf dem Anhänger lag unter der Plane ein kleines Tannenbäumchen für Jochen! Der gute Schulze hatte es eigentlich für sich gedacht, aber, meinte er, so ein Kind freut sich mehr darüber. Trotz Paket und Bäumchen sprang Jochen die vier Treppen hinauf und klingelte Sturm.
Seine Mutter öffnete mit verweinten Augen. Aber nun hatte sie ja ihren Jungen wieder und als er seine Schätze auspackte, das Bäumchen aufstellte und dabei seine Erlebnisse erzählte, da war für beide erst der richtige Christabend da. „Und siehst du", sagte Jochen, „ ich hatte mir vorgenommen, das Mehl für den Weihnachtskuchen heranzuschaffen – und ich habe es geschafft."

Aus dem Columbus Jahrbuch 1950 von Günter Liedtke

Schokokuchen mit Roter Beete

375 Gramm Rote Beete, gekocht
300 Milliliter Sonnenblumenöl
5 Eier
275 Gramm Weizenmehl 405
3 gestrichene Teelöffel Backpulver
100 Gramm Kakao
350 Gramm Zucker
1 Messerspitze Vanille

Rote Beete klein schneiden und mit dem Öl pürieren, die Eier dazugeben und alles aufschlagen.
Die restlichen Zutaten nach und nach hinzugeben und zu einem Teig verrühren. Diesen bei 150 Grad 45 - 50 Minuten backen.

Rote Beete ist sehr gesund: Wegen seines hohen Gehalts an Eisen ist das Gemüse eine gute Quelle für Patienten mit Eisenmangel-Anämie. 100 Gramm Rote Beete enthalten 2,3 g Ballaststoffe, 336 mg Kalium, 25 mg Magnesium, 29 mg Kalzium, 10 mg Vitamin C, 0,9 mg Eisen.

Dinkel Cantuccini

250 Gramm Dinkelmehl 630
1 Prise Salz
1 Teelöffel Weinsteinbackpulver
2 Teelöffel Zimt
170 Gramm Rohrohrzucker
2 Eier
30 Gramm weiche Butter
abgeriebene Schale einer Zitrone oder Orange
110 Gramm Mandeln, ungeschält

Alle Zutaten (bis auf die Mandeln) werden zu einem glatten Teig geknetet. Nun die Mandeln zugeben und unterkneten. Aus dem Teig drei 3 cm dicke Rollen formen, in Folie wickeln und mindestens 1 Stunde kühl stellen.

Die Teigrollen nun auf ein mit Backpapier belegtes Blech legen. Bei 200 Grad auf der 2. Schiene von unten 25 - 30 Minuten backen. Heißluft nur 180 Grad. Die Rollen noch heiß mit einem sehr scharfen Messer schräg in fingerdicke Scheiben schneiden. Diese nun wieder auf das Blech legen und in 10 Minuten goldbraun backen.

Vom Salz

Vom Kaiser bis zum Bettelmann
keiner das Salz entbehren kann.
Der Bäcker bäckt ohne Salz kein Brot
ohne Salz wir müssten leiden Not.
Gott, gib auch du mit gütiger Hand
ein Körnchen Salz in den Verstand.

Unser täglich Brot gib uns heute

Unser täglich Brot gib uns heute
Der Bäcker backt das liebe Brot,
dass wir nicht leiden Hungersnot.
Doch gäb' der Müller kein Mehl dazu,
was, armer Bäcker, was bükest du?
Dem Müller liefert der Bauersmann
das Korn, damit er es mahlen kann.
Der Bauer gewinnt die Körner im Feld,
das er im Herbst mit Fleiß bestellt.
Zum Wachsen aber den Sonnenschein
und Regen und Wind gibt Gott allein.
Darum bitten wir all': „Lieber Herr und Gott,
bescher' uns heut' unser täglich Brot!"
Ernst Lausch

Müllerspruch:

Vom Felde kommt's
in die Scheune,
vom Flegel dann
zwischen zwei Steine,
aus dem Wasser
endlich in große Glut,
dem Hungrigen
schmeckt es allzeit gut.

Weizen

(Triticum aestivum L.)

Weizen gehört zu den ältesten Kulturpflanzen überhaupt. Seine Wiege wird in den Steppengebieten des vorderasiatischen Raumes angenommen (Iran, Irak, Syrien). Die ersten vom Menschen systematisch kultivierten Weizenarten waren Einkorn und Emmer. Heute nimmt Weizen mit rund einem Drittel den größten Anteil der weltweiten Getreideanbauflächen ein (ca. 600 Mio. Tonnen, davon in Europa ca. 100 Mio. Tonnen). Die Weizenpflanze wird etwa 0,5 bis 1 Meter hoch. Der Halm ist rundlich. Von der Gesamterscheinung wirkt die wachsende Pflanze dunkelgrün und die Ähre gedrungen. Winterweizen wird im Herbst ausgesät. Je Pflanze wachsen etwa zwei bis drei Ähren tragende Halme, was etwa 350 bis 700 Halme je Quadratmeter entspricht. In jeder Ähre entwickeln sich etwa 25 bis 40 Körner.

Vollweizen als wichtiges Brotgetreide zeichnet sich durch einen ausgewogenen Gehalt verschiedener Mineralstoffe sowie der Vitamine B1 und E aus.

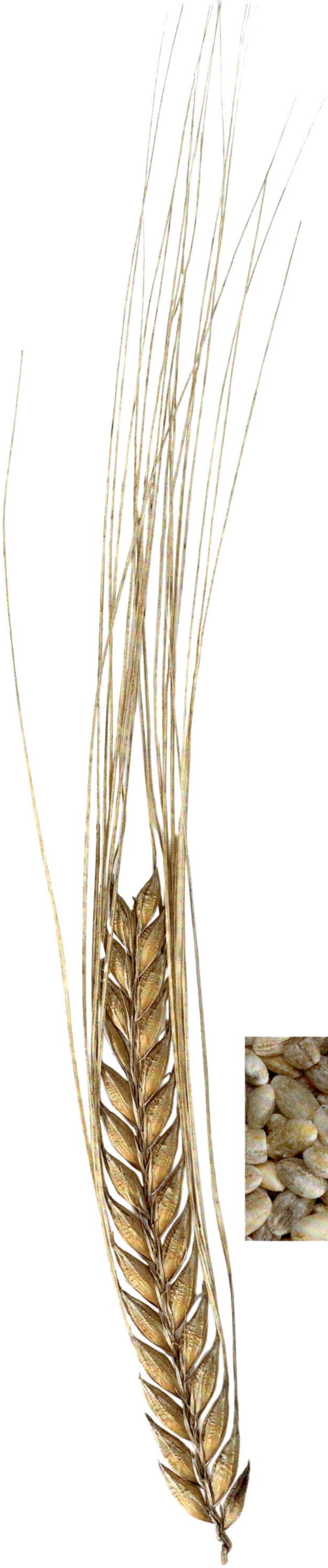

Gerste

(Hordeum vulgare L.)

Ursprungsgebiete der Gerste sind der Vordere Orient und die östliche Balkanregion. Seit der Jungsteinzeit 5000 v. Chr. wird die Gerste in Mitteleuropa angebaut. Gerste gedeiht am besten auf tiefgründigen, gut durchfeuchteten Böden in gemäßigten Klimazonen. Die Gerstenpflanze ist von gelblich-grüner Erscheinung und wird 0,7 bis 1,2 Meter hoch. Der Fruchtstand ist eine Ähre mit langen Grannen. Die Ähren sind im reifen Zustand geneigt bis hängend. Weltweit werden jährlich etwa 140 bis 150 Mio. Tonnen Gerste geerntet, davon mehr als ein Drittel in Europa.

Es gibt mehrere Sorten von Gerste:

- Bedecktsamige mehrzeilige Gerste. Kennzeichen: drei Körner pro Ansatzstelle, nicht so kräftig entwickelt, jedoch insgesamt höhere Kornerträge. Ihre Verwendung findet sie als Futtergerste.
- Bedecktsamige zweizeilige Gerste. Kennzeichen: pro Ansatzstelle nur ein Korn, das voll und kräftig ausgebildet ist. Findet Verwendung als Braugerste und zur Malzherstellung.

Gerste hat einen hohen Ernährungswert. Neben ihrem hohen Vitamin-B1-Gehalt ist sie reich an Mineralstoffen und weist einen hohen Ballaststoffanteil auf.

Dinkel

(Triticum spelta)

Schon ca. 3000 v. Chr. war Dinkel als Kulturpflanze im südwestlichen Teil Asiens beheimatet. Er verbreitete sich dann viel später nach Mitteleuropa, wo er im südwestdeutschen Raum angebaut wurde. Hier finden sich bis heute Ortsnamen wie Dinkelsbühl, die auf diese Kultur hinweisen. 1878 umfasste der Dinkelanbau in Deutschland noch rund 400.000 Hektar Land, während er bis 1940 auf 47 Hektar absank. Nur noch geringe Flächen werden mit dieser alten Getreideart bestellt. Dinkel weist geringere Erträge als Weizen auf. Es gibt keine Hochleistungssorten, denn er treibt zu leicht aus, wenn er mit Mineraldünger behandelt wird. Ferner zeigt Dinkel einige Eigenschaften, die noch die Wildformen des Getreides haben. So ist seine Ährenspindel leicht brüchig, was für den Mähdrusch unerwünscht ist. Außerdem besitzt der Dinkel einen festen Spelz, der das einzelne Korn fest umhüllt. Dieser Spelz muss vor der Verwendung in einer Mühle in einem besonderen Verfahren sorgfältig entfernt werden. Das Dinkelkorn ist schmaler als das Weizenkorn. Seine Farbe ist goldgelb mit leicht rötlichem Einschlag.

***Grünkern** ist das unreife, schwach geröstete Korn des Dinkels.*

Hafer

(Avena sativa L.)

Hafer stammt ursprünglich aus dem Mittelmeergebiet. Die ersten Nutzungsbelege in Mitteleuropa lassen sich auf 2400 v. Chr. datieren. Der Hafer stellt eine sehr artenreiche Gattung dar. Hafer wird als Sommer- und Wintergetreide kultiviert, wobei die Sommerform deutlich dominiert. Die Haferpflanze wird 0,6 bis 1,5 Meter hoch. Der Halm ist hohl und rundlich. Hafer hat als Fruchtstand keine Ähre, sondern eine Rispe. Die Haferkörner sind im Gegensatz zur Gerste fest von Spelzen umschlossen, aber nicht mit diesen verwachsen. Hafer bevorzugt ein gemäßigtes Klima mit hohen Niederschlägen. Für die Produktion von 1 Kilo Trockensubstanz braucht der Hafer mehr Wasser als alle übrigen Getreidearten, ist jedoch in Bezug auf Sonne, Wärme und Boden außerordentlich genügsam. Die Weltproduktion von Hafer liegt bei 26 - 30 Mio. Tonnen auf einer Anbaufläche von 15 Mio. Hektar. Nur etwa 14 % der Hafermenge wird für menschliche Ernährung verwendet.
Hafer ist aufgrund seines biologisch hochwertigen Eiweiß- und Fettgehaltes wichtiger Rohstoff für viele Lebensmittel. Haferkorn enthält lebensnotwendige Vitamine und Mineralstoffe und ist besonders reich an Vitamin B1 und E sowie Eisen und Kalium.

Roggen

(Secale cereale L.)

Der Roggen stammt aus der Region des Schwarzen Meeres. Beim Roggen handelt es sich um einen früh reifende, tief wurzelnde und trocken-resistente Getreideart der gemäßigten Klimazone mit geringen Standortansprüchen, welche auf moorigen oder nährstoffarmen sandigen Böden und bei kühler Sommerwitterung höhere Erträge als Weizen aufweist. Er verfügt im Vergleich zu Weizen zudem über eine bessere Krankheitsresistenz. Die Roggenpflanze kann bis 1,8 Meter hoch werden. Der Halm ist rundlich, und von der Gesamterscheinung wirkt die Pflanze blau bis grau-grün. Der Fruchtstand ist eine Ähre mit oft mehr als 100 Körnern. Der Flächenertrag liegt durchschnittlich zwischen 2 und 5 Tonnen pro Hektar. Weltweit wurden in den letzten Jahren etwa 22 - 23 Mio. Tonnen Roggen geerntet. Sein hoher Anteil an essenziellen Aminosäuren (v.a. Lysin) macht ihn für die Ernährung besonders wertvoll. Roggen enthält höherwertiges Eisen als Weizen und ist eine wichtige Getreidesorte zur Brotherstellung.

Roggen wird jedoch häufig vom Mutterkornpilz befallen, der in der Ähre durch die Ausbildung brauner Fruchtkörper sichtbar ist. Mutterkornalkaloide können beim Menschen bei Konsum zu schweren Vergiftungserscheinungen führen. Diese müssen daher durch sorgfältiges Reinigen aus der Getreidepartie entfernt werden.

Das Getreidekorn

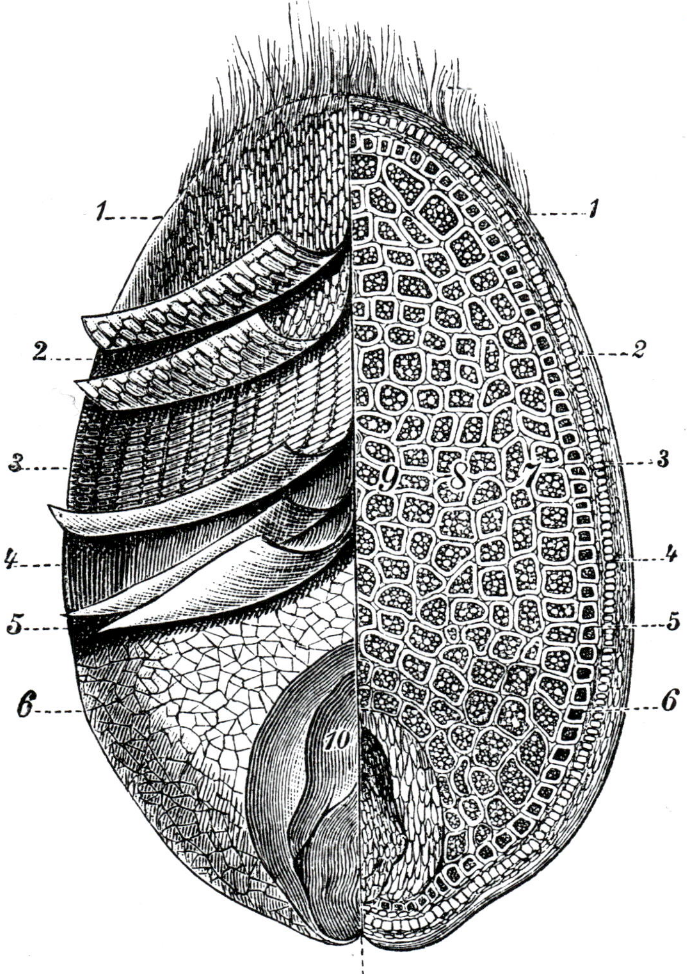

Weizenkorn, mehrfach vergrößert, Durchschnitt

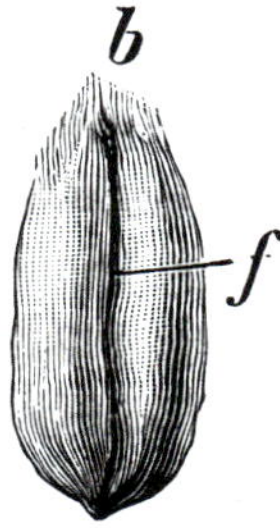

b Bärtchen, *f* Spalt

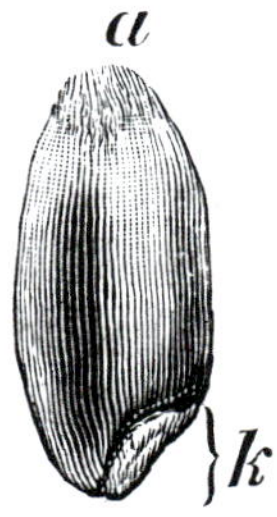

a Weizenkorn,
doppelte Naturgröße, *k* Keim

- Weizenkorn
  - Kleie
    - Fruchthaut
      - 1 Epicarpium
      - 2 Mesocarpium
      - 3 Endocarpium
    - Samenhaut
      - 4 Testa
      - 5 Endopleura
    - 6 Kleberzellenschicht
  - Mehlkern
    - Stärkezellenschicht
      - 7 äußere
      - 8 mittlere
      - 9 innere
  - Keim 10
  - Bärtchen

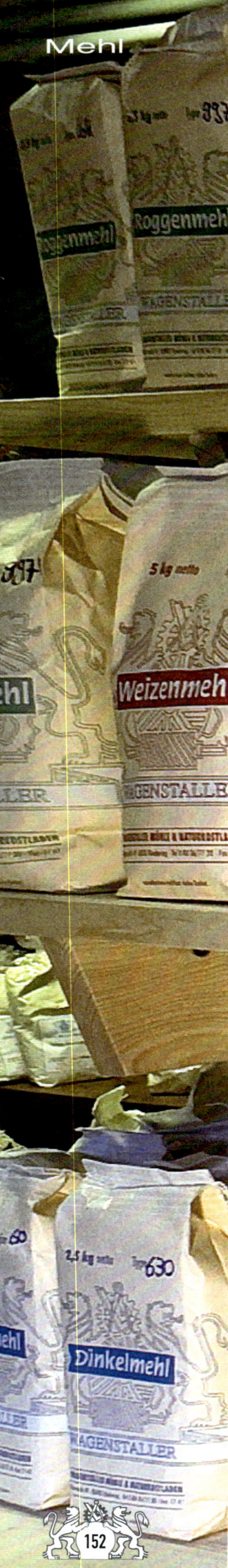

Kleine Mehlkunde

Griffiges und glattes Mehl unterscheidet sich in der Teilchengröße.
Glattes oder Universalmehl hat den feinsten Mahlgrad. Es ist für fast alle Rezepte einsetzbar. Gut geeignet für Biskuit, Soßen, Strudel und Hefeteig. Es bindet sehr gut.

Dunst – Griffiges oder doppelgriffiges Mehl ist etwas grober als glattes, aber feiner als Grieß. Zerreiben wir es zwischen den Fingern, können wir die einzelnen Körnchen fühlen. Es enthält noch besonders viel Stärke, klebt gut und sorgt für viel Volumen und eine bessere Kruste. Gut für alles Lockere und Flaumige und für Teige, die wie Kuchenteige, Knödel, Nockerl und Palatschinken quellen müssen. Aber auch besonders für Strudel, Spätzle und zum Binden von Soßen und Suppen. Man kann es direkt unter Rühren in die Flüssigkeit einstreuen.

Das deutsche Weizenmehl vom Typ 405 lässt sich mit Type W 480 (Auszugmehl) in Österreich und dem sogenannten Weißmehl in der Schweiz vergleichen. Der Typ 550 entspricht etwa dem Typ W 700 (Backmehl) in Österreich und dem Schweizer Halbweißmehl. Typ 1050 gleicht dem Typ W 1600 in Österreich und dem Ruchmehl in der Schweiz. Weizenmehl vom Typ 1700 entspricht dem Vollkornmehl in Österreich und in der Schweiz.

Die Faustregel fürs Mehl:
Je niedriger die Typenzahl, umso weniger vom Korn, speziell von den Randschichten, ist enthalten und umso heller und stärkehaltiger ist das Mehl. Es enthält mehr Gluten (Klebereiweiß) und ist mineralstoffärmer.

Mehltypen

Weizen

Type 405 aus Weizen ist das klassische Haushalts- bzw. Kuchenmehl mit guten Backeigenschaften und hohem Bindevermögen (z.B. für Soßen).

Type 550 ist backstark: Beim Bäcker für helle Brotsorten, Brötchen und Kleingebäck mit viel goldbrauner Kruste, im Haushalt für gut aufgehende, besonders feinporig-lockere Teige.

Type 1050 wirkt dunkler, sie liegt als „mittlere Mehltype" auf halbem Weg zum Vollkorn. Daraus werden die Mischbrotteige geknetet; daheim ist sie erste Wahl fürs herzhafte Backen.

Vollkornmehl wird mehlfein vermahlen, enthält aber sämtliche Bestandteile des vollen Korns. Damit lassen sich Vollkorngebäcke mit relativ lockerer Krume herstellen.

Vollkornschrot ist groß zerkleinert. Die Bäcker nehmen es für Weizenvollkornbrot (z. B. „Grahambrot"). Interessant wird's auch mit einer „Handvoll Schrot" in hellen Mehlen – kernig im Biss.

Weizengrieß dient als Nährmittel (z.B. für Grießpudding) oder für Teigwaren.

Dunst ist zwischen Mehl und Grieß auch Spätzlemehl, Wiener Grießler genannt. Eignet sich für Spätzle, Serviettenknödel und alles, was nicht klumpen soll.

Roggen

Type 610 hellstes Roggenmehl für Schmalzgebäck, besonders gut für Schuxn oder helle Roggensemmeln.

Type 815 Roggenmehl für helle Roggenbrote.

Type 997 regional unterschiedlich verbreitet, mit Weizenmehl gemischt werden daraus Teige für deftige Roggenmischbrote oder milde Weizenmischbrote bereitet.

Type 1150 Verwendungszweck wie bei Type 997, nur etwas dunkler.

Type 1370 typisches Bäckermehl für herzhafte Roggen- und Roggenmischbrote. Als Ansatzmehl für Sauerteig sehr gut geeignet.

Type 1700 Roggenvollkornmehl für dunkles Mischbrot.

Vollkornschrot (grob, mittel oder fein) aus Roggen sind die wichtigsten Vollkornerzeugnisse: für unsere kernig-dunklen „Schwarzbrote". Sie enthalten sämtliche Bestandteile der gereinigten Körner, müssen aber gemischt werden, um backfähig zu sein.

Mehltypen gibt es bereits seit Anfang der 30er Jahre. Die Typenzahl wird bestimmt, indem man eine Mehlprobe so lange bei 900 Grad verglüht, bis nur noch die Mineralstoffe übrig bleiben. Wenn man z.B. eine Mehlprobe von 100 Gramm Type 405 verglüht, bleiben 0,405 Gramm Mineralstoffe übrig.

Dinkel

Type 630 idealer Ersatz für Weizenmehl 405, gute Backeigenschaften.

Type 1050 die erste Wahl für herzhaftes Backen, gut geeignet für Mischbrot.

Dinkelvollmehl wird mehlfein vermahlen, enthält sämtliche Bestandteile des vollen Korns, gut für Vollkornbrot.

Dinkeldunst die Körnung zwischen Mehl und Grieß, wird verwendet für Spätzle, Dampfnudeln, Strudelteig.

Maße & Gewichte

Flüssigkeiten

1 Esslöffel entspricht ca. 15 Milliliter
1 Teelöffel entspricht ca. 5 Milliliter
1 Tasse entspricht etwa 120 Milliliter Flüssigkeit

Mehl

1 Teelöffel Mehl entspricht ca. 5 Gramm
1 Esslöffel Mehl entspricht ca. 10 Gramm
1 Tasse Mehl entspricht ca. 80 Gramm

Backpulver

1 Teelöffel Backpulver entspricht ca. 3 Gramm

Zucker / Salz

Teelöffel Zucker entspricht ca. 8 Gramm
1 Esslöffel Zucker entspricht ca. 15 Gramm
1 Tasse Zucker entspricht ca. 110 Gramm

Kakao

1 Esslöffel Kakao entspricht ca. 5 Gramm

Grieß

1 Esslöffel Grieß entspricht ca. 12 Gramm
1 Tasse Grieß entspricht ca. 100 Gramm

Allgemeine Fehler und Arbeitsfehler beim Brotbacken:

Wirkblasen
Charakteristisch sind Blasen im Brot. Der Grund dafür liegt im falschen Wirken des Teiges.

Wirkfehler
Durch schwaches, nachlässiges Wirken entstehen Hohlräume in der Krume und der Schluss kann aufplatzen. Beim aufmachen gelangt Mehl in den Schluss.

Krustenrisse
Heißer Ofen, wenig Schwaden, zu viel Schwaden, enges Schieben, starke Bodenhitze, schwache Bodenhitze, Zug spät oder früh gezogen, zu viel Exotengetreide, mangelnde Verquellung von Schroten, falsche Knetzeiten, zu stramm/fest gewirkt, Trockengare.

Zu rund
Zu fester Teig, zu kalte Führung.

Kleines Volumen
Zu heißer Ofen, zu wenig Schwaden, knappe Gare, zu wenig Hefe, zu stark versäuert, zu fester Teig.

Starke Bräunung
Zu lange Backzeit, zu heißer Ofen, zu viel Zucker/ Malz.

Schwache Bräunung
Zu kalter Ofen, zu kurze Backzeit, zu wenig Zucker/ Malz, abgefressen.

Flache Brotform
Zu viel Schwaden, zu lange Backzeit, zu kalter Ofen, zu weicher Teig, enzymreiches Mehl, diastatische Zusätze, zu reif, zu wenig Salz, zu wenig versäuert.

Aufgeplatzter Schluss
Mehl im Schluss. Beim Aufmachen ist Mehl mit eingewirkt worden. Es ist zu straff gewirkt worden, zu schwache Hitze beim Backen, zu knappe Gare.

Löcher in der Krume
Zu viel Mehl beim Wirken.

Blasen in der Krume
Charakteristisch sind dabei Luftblasen, die der Krume des Brotes das Aussehen eines Emmentalers geben können. Grund für diesen Brotfehler kann neben einem zu weichen Teig auch schlechtes Wirken, Übergare oder ein zu heißer Ofen sein.

Abgefressener Sauer
Charakteristisch sind grobe Löcher in der Krume. Grund dafür sind Mängel in der Sauerführung, die durch einen frischen Sauer behoben werden können.

Zu junger Sauerteig
Feuchte, unelastische Brotkrume, Wasserstreifen, Wasserring, Wasserkern (dichte Porung).

Fader Brotgeschmack
Zu alter Sauerteig, feuchte, unelastische Brotkrume, flache Brotform, geringes Volumen, ungleichmäßige Porung, Süßblasen, saurer Brotgeschmack, zu geringe Säuremenge.

Süßblasen
Auch Brandblasen genannter Brotfehler, dessen Charakteristik Blasen auf der Rinde sind.
Zu stark versäuert, zu weicher/kalter/junger Teig, zu hohe Anbacktemperatur, enzymreiches oder schlecht backfähiges Mehl, gekühlte TK-Teiglinge vom Vortag nachgebacken.

Matte Kruste
Überreifer Teig, hohe Oberhitze, trockene Oberfläche.

Harte und feste Kruste
Zu kalter Ofen, zu lange Backzeit.

Abgebackene oder gelöste Kruste
Auswuchs geschädigtes Mehl.
Abhilfe: Säure erhöhen, Salzzugabe erhöhen, Teigführung beschleunigen, Hefezugabe erhöhen, hellere Mehltypen verarbeiten.

Abgebackene Oberrinde
Charakteristisch ist ein mehr oder weniger großer Spalt zwischen Krume und Rinde. Grund dafür ist auch eine zu hohe Ofentemperatur.

Zu starke Bräunung
Zu wenig Sauer, zu junger oder zu feuchter Teig, enzymreiches Mehl, zu hohe Backtemperatur.

Zu schwache Bräunung
Frisches Mehl, enzymarmes Mehl, alter Teig, warmer Teig, zu niedrige Ofentemperatur.

Dichte Porung
Zu fester Teig, zu kühler Teig, zu weicher Teig, zu wenig Hefe, zu viel Sauer, zu knappe Stückgare, zu kurze Teigruhe.

Grobe Porung
Zu viel Hefe, zu weicher Teig, zu lange Stückgare.

Krumenrisse
Charakteristisch sind kleinere oder größere Risse der Brotkrume. Grund dafür kann schlecht backfähiges Mehl sein, zu geringe Säuerung, schlechtes Wirken und falsche Ofentemperatur.

Ungleichmäßige Porung
Zu weicher Teig, zu warmer Teig, Sauerteig abgefressen, Teig zu alt, Anbacktemperatur zu hoch, Stückgare zu lang.

Wasserringe / Wasserstreifen
Anbacktemperatur zu heiß, Teig zu kalt, Stückgare zu knapp, Brot zu früh umgesetzt. Brot zu früh umgesetzt, enzymreiches Mehl, Teigsäuerung zu gering, zu schwach ausgebacken.

Krümeln
Teig zu fest, Wassermangel, Anbacktemperatur zu niedrig, Backzeit zu lang, enzymarmes Mehl, zu viel Weizen, zu viel Säure.

Unelastisch/feucht
Enzymreiches Mehl, Backzeit zu kurz, Teig zu weich, kein Salz, zu wenig Sauer.

Feuchte Krume
Charakteristisch ist die nasse Konsistenz der Krume. Grund dafür kann sowohl ein schlecht backfähiges Mehl bei Roggenbroten oder zu geringe Teigsäuerung sein.

Hefiger Geruch
Excess Hefe, alte Hefe, Teig warm/weich.

Muffiger Geruch
Mehl zu lange gelagert, Mehl zu feucht gelagert, schlecht gelüftete Lagerräume.

Fader Geschmack
Kurze Teigreife, Salzmangel, Sauermangel.

Saurer Geschmack
Excess Sauer, überreif.

Inhalt

Danksagung

Ohne fremde Hilfe ist es nicht möglich, ein so schönes Buch zu schreiben. Ich möchte mich herzlichst bei Euch allen für Eure Hilfe bedanken:

Liebe Mami, Deine Ideen sowie Dein lang gesammelter Fundus sind für mich eine Quelle, in der ich immer wieder Neues entdecke. Stoff für noch viele interessante Bücher.

Elmar Kinninger, Du warst wieder unverzichtbar, wenn es darum ging, wie ich meine Kreativität aufs Papier bringe. Meine Stoffsammlung war bei Dir in den besten Händen.

Meinem Mann Franz einen besonderen Dank für die Bereitschaft, Ideen zu verwirklichen. Dir war kein Weg zu weit. Und kein Stein zu schwer.

Meinen Kindern Toni-Franzi-Markus für Eure Hilfe beim Mühlenbau, Ihr seid immer da, wenn wir Euch brauchen.

Onkel Martin dafür, dass ich alle Deine sorgsam gehüteten Diakästen absuchen und durcheinanderbringen durfte. Du warst mit Deinem Blick fürs Besondere ein kreativer Partner bei der Bildauswahl.

Werner Krämer für die redaktionelle Bearbeitung und für die guten Ratschläge rund ums Brauchtum.

Conny, danke für Deine Hilfe die ganzen Jahre.

Manuela, Du hast geduldig alle Korrekturen eingepflegt und warst mir eine große Hilfe.

Liebe Christine, danke fürs Lektorat.

Meinen lieben Schwestern Karin und Christine dafür, dass Ihr mich immer wieder aus meiner Arbeit holt. Ich freue mich schon auf viele neue Bergerlebnisse mit Euch.

Und der lieben Verwandschaft mit Anhang und Freunden (siehe Bildergalerie rechts).

Ich danke allen meinen Verwandten und Mühlenkunden für ihre Rezepte, Tipps und Ratschläge.
Im Besonderen gilt mein Dank:
Johanna Schäffer · Viktoria Mais · Elisabeth Altmann · Gabi Kink · Frau Köbinger · Gabriela Grubinger Walter Hofmeister · Christine Maurer · Oma Martsch · Wally Bauer · Traudl Aßbichler · Helga Hennesser Brigitte Würzbach · Michaela Englert · Hannelore Forler · Ulla Lehner · Bernadett · Hanne Schlosser · Hartwig Marianne · Anneliese Asböck · Monika Mayr · Irmi Rupp · Renate Bachmann · Herrn Maier · Uschi Frey · Wilhelm Huber · Franziska Parzinger · Petra Breuer · Anke Ahlers · Susanna Tschau und vielen anderen mehr.

...trink ich
LAIB und SEELE
HEIMAT
Stamperl
-Williams 1.-
-Quittenwein

Brot und Heimat

Mit diesem Buch beweist Annelie Wagenstaller erneut ihr Gespür für Themen aus Brauchtum und Tradition und verbindet dies mit ihren über Jahrzehnte gesammelten Kenntnissen und Erfahrungen aus Natur und Gesundheit.
Mit vielen Rezepten nimmt die Müllermeisterin ihre Leser mit auf eine kulinarische Entdeckungsreise durch das kirchliche und weltliche Jahr in Bayern, gewürzt mit Erlebnissen aus ihrer Mühle.

ISBN: 3-00-017650-0 · Erschienen im Eigenverlag

Laib und Seele

Dieses Buch ist das Ergebnis der Auseinandersetzung einer Müllermeisterin mit ihrer eigenen Heimat und Familiengeschichte sowie mit der Tradition des Müllerhandwerks und enthält alles Wissenswerte zum Thema Brotbacken.
Sie finden in diesem Buch Rezepte, Tipps und Tricks, Märchen, Historisches und vieles andere mehr.
Reich bebildert, ist dieser Band zum einen eine nette Geschenkidee und zum anderen ein idealer Ratgeber für alle, die gern selbst Brot backen: eine Entdeckungsreise vom Mehl zum Brot. ISBN: 978-3-9815819-0-4

Brot-Zeit

In diesem liebevoll gestalteten Buch teilt die Müllermeisterin Annelie Wagenstaller Generationen altes Wissen über Getreidesorten, den Weg vom Korn zum Mehl, Brot-Tradition und Brauchtum mit Ihnen.
Sie verrät Geheimtipps und stellt ihre besten Brot-Rezepte vor – echte Klassiker aus aller Welt, Spezialitäten zur Brotzeit und Würziges zum Wein.
Viel Spaß beim Lesen, selbst Ausprobieren und Genießen!

ISBN: 978-3-8354-0769-5 · Erschienen im BLV Verlag

Diese Bücher sind (bis auf Adventszeit) im Buchhandel, in unserem Mühlenladen und unserem Internetshop erhältlich: www.wagenstallermuehle.de

ADVENTsZEIT

Annelie Wagenstaller ist es mit diesem Kalender gelungen, Altes, verloren Geglaubtes wieder zum Leben zu erwecken. Sie hat die aus den 30er Jahren stammende Geschichte von Line und Stoffel aus der Sütterlinschrift übertragen, so dass sie für jeden lesbar ist. Dazu hat die Autorin alte Plätzerl-Rezepte zusammengetragen und ausprobiert. Die besten davon finden Sie auf der anderen Seite des Kalenders.

Erschienen und herausgegeben im Eigenverlag Wagenstaller.

Erhältlich **nur** beim Verlag oder über den Onlineshop:
www.wagenstallermuehle.de
ISBN 978-3-00-039412-6

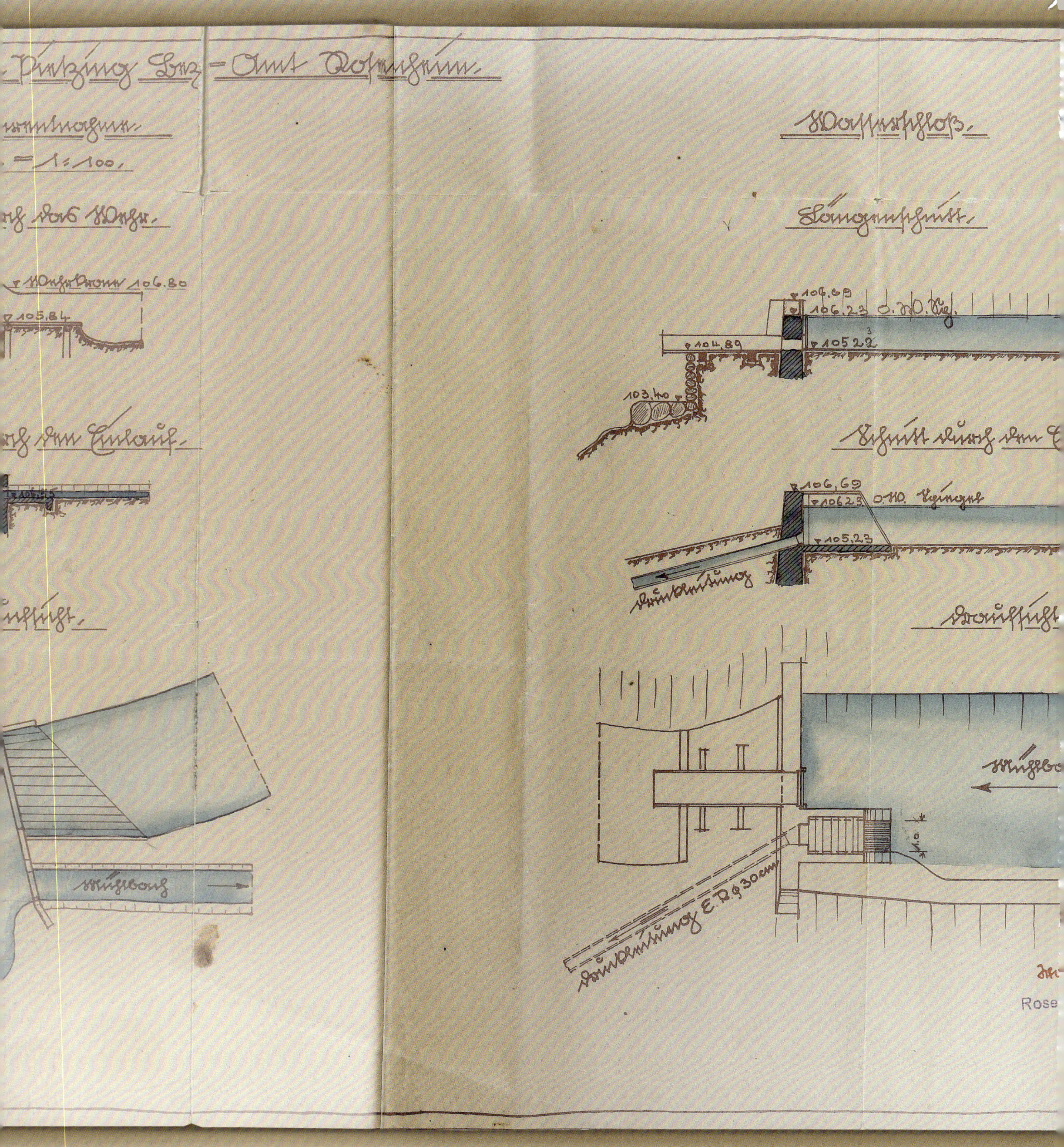

= 1:100
106.80
105.84
104.69
106.22
105.22
104.89
103.40
106.69
106.23
105.23
E.R. φ 30 cm
Rose